Mgr A. BOUCHER

A travers les Missions du Togo et du Dahomey

LIBRAIRIE PIERRE TÉQUI A PARIS

A travers les Missions du Togo et du Dahomey

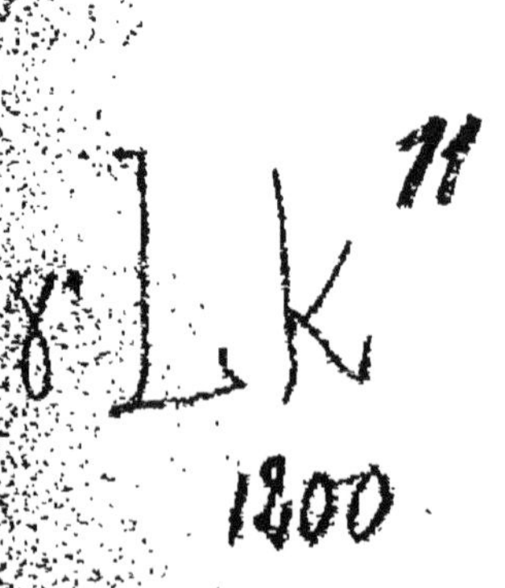

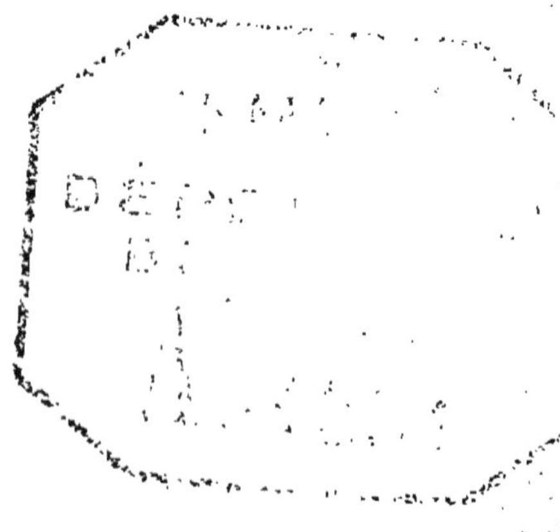

Pierre TÉQUI, Libraire-Éditeur

82, rue Bonaparte, Paris, VIe

LE TRAVAIL POUR LES MISSIONS, par Mgr A. Boucher. — Notes pratiques avec dessins et modèles pour la confection des ornements et linges d'Eglise destinés aux Missions. — 2e mille. — 1 brochure in-8° couronne. — Prix : 2 francs.

L'APOSTOLAT MISSIONNAIRE DE LA FRANCE. — Conférences organisées à l'Institut catholique de Paris par l'Union Missionnaire du Clergé. — 2 volumes in-12. — 7 francs le volume.

1re Série 1923-1924. — Conférences de : S. G. Mgr de Guébriant, Supérieur général des Missions Étrangères ; R. P. Cazot, Lazariste ; R. P. Tauzin, des Pères Blancs ; R. P. de Grangeneuve, S. J. ; R. P. Duchaussoy, O. M. I. ; R. P. Maniglier, Assomptionniste ; R. P. Leprêtre, des Frères Mineurs ; R. P. Joulord, des Missions Africaines de Lyon ; R. P. Lajoie, Eudiste ; S. G. Mgr Leroy, Supérieur des Pères du Saint-Esprit.

2e Série 1924-1925. — Conférences de : S. G. Mgr de Guébriant, Supérieur général des Missions Étrangères ; Sœur Jeanne, des Filles de Saint-François de Sales ; Mgr Beaupin, Secrétaire général des Amitiés Françaises ; R. P. Dhélias, S. J. ; R. P. Courtais, des Pères Maristes ; T. C. Frère Gordien, des Frères des Ecoles chrétiennes ; S. G. Mgr Jarosseau, de l'Ordre des Capucins ; R. P. Lebon, Marianiste ; R. P. Lebbe, Lazariste ; Mgr Descamps, Directeur de la Propagation de la Foi.

Aux " ÉDITIONS SPÈS "

17, rue Soufflot, Paris, V^e

L'ACTION FÉMININE POUR LES MISSIONS CATHOLIQUES. — Compte rendu du Congrès de l'Œuvre Apostolique et conférence de M. Georges Goyau, de l'Académie Française. — 1 volume in-8° couronne. — Prix : 5 francs.

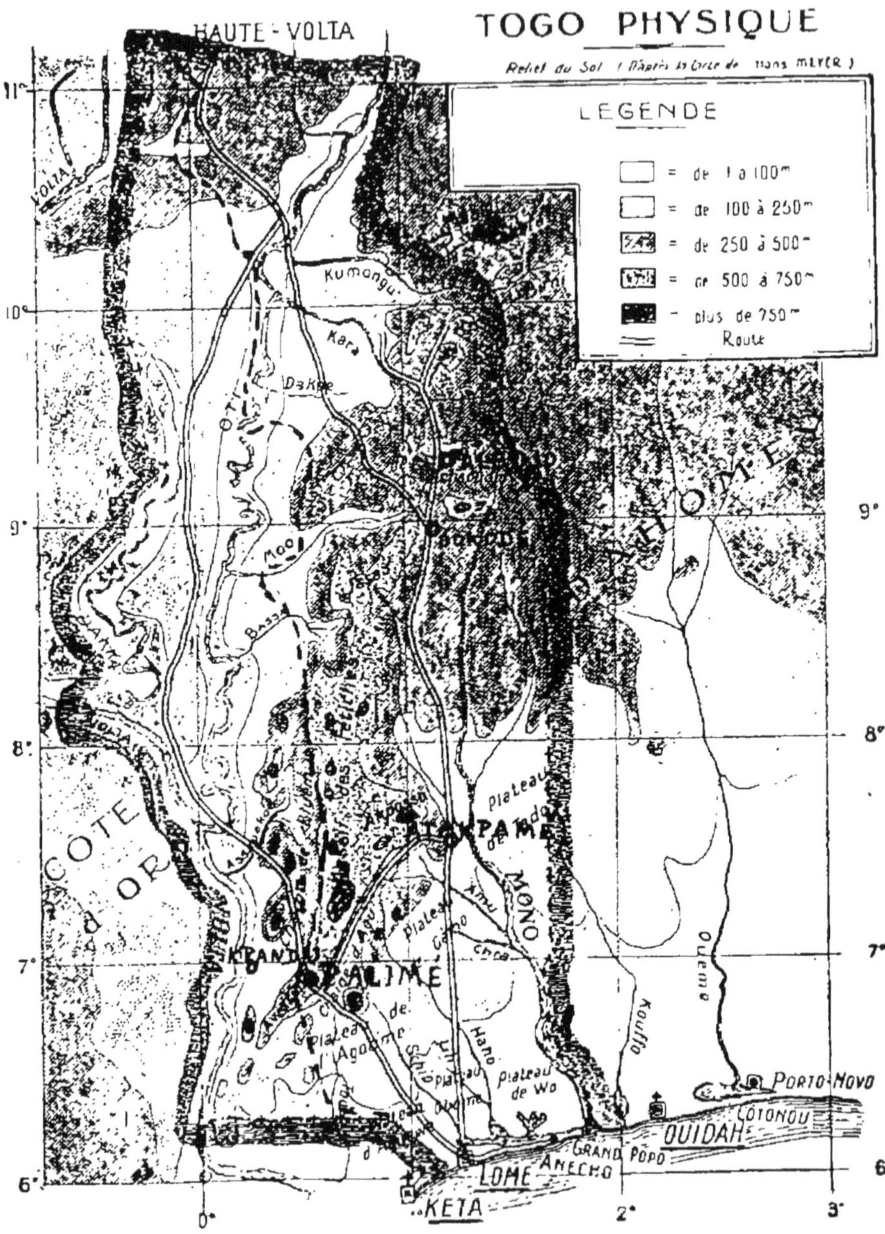
TOGO PHYSIQUE
Relief du Sol (D'après la Carte de Hans MEYER)
HAUTE-VOLTA
LEGENDE
= de 1 à 100 m
= de 100 à 250 m
= de 250 à 500 m
= de 500 à 750 m
= plus de 750 m
Route
VOLTA
Kumongu
Kara
Dakpe
SOKODE
MOYEN
COTE D'OR
ATAKPAMÉ
Plateau de Mono
MONO
Plateau Amu
KPANDU
PALIMÉ
Plateau de l'Agoume
Plateau de Wo
Kouffo
Ouemé
PORTO-NOVO
COTONOU
OUIDAH
GRAND POPO
ANECHO
LOME
KETA

La Cathédrale de Lomé

Sortie de la grand messe (23 novembre 1924)

Mgr A. BOUCHER

A travers les Missions du Togo et du Dahomey

*Avec deux cartes
et cinquante-cinq illustrations hors texte*

PARIS
LIBRAIRIE PIERRE TÉQUI
82, RUE BONAPARTE (VIᵉ)

1926

Nihil obstat

Parisiis, die 29ª Aprilis 1926.

L. Labauche, P. S. S.
cens.

Imprimatur

Parisiis, die 4ª Maji 1926.

† Eugenius-Jacobus,
*Episc. elect. Tralliensis,
aux. Faris.*

Les dessins à la plume qui ornent la couverture ont été composés par M. Paul Gaulmier que nous tenons à remercier ici. Le premier représente, d'après une statuette dahoméenne, une femme, son enfant sur le dos, occupée à battre le « fou-fou ». Le second reproduit la physionomie expressive d'une indigène togolaise.

— A Son Éminence —
le Cardinal DUBOIS
Archevêque de Paris,
—— Président ——
de l'Union Missionnaire
— du Clergé de France. —

AVANT-PROPOS

« Où en est l'œuvre du Bon Dieu dans les régions que vous avez visitées » me demandait à mon retour de voyage un Evêque qui suit attentivement le mouvement missionnaire.

— En pleine prospérité, Monseigneur, ai-je répondu sans hésiter.

Les pages de ce volume justifieront ma réponse. Elles apportent le témoignage de ce que j'ai vu.

Chargé de la direction de l'Œuvre Apostolique, j'étais appelé à parler en faveur des Missions. J'ai voulu en connaître au moins quelques-unes pour me rendre compte plus exactement des besoins du Missionnaire, pour mieux juger des multiples difficultés qu'il rencontre, pour mieux apprécier les méthodes de son apostolat et pour constater sur place les résultats obtenus.

Grâce aux facilités qui m'ont été aimablement données, j'ai pu parcourir les Vicariats Apostoliques du Togo et du Dahomey qui sont très représentatifs des Missions, en pays fétichistes de l'Afrique Occidentale Française. « Malgré l'ancienneté et l'importance des Missions catholiques, a-t-on écrit, malgré le zèle admirable, le dévouement, l'intelligence des Missionnaires, le nombre des indigènes convertis au christianisme est tout à fait insignifiant ».

Ces lignes d'un géographe distingué [1] m'avaient surpris. Les relations des Missionnaires étaient-elles donc d'un optimisme exagéré ? J'ai pu constater que le jugement du géographe doit être revisé en ce qui concerne ces pays. Le progrès du catholicisme

---

[1] E. GRANGER, *Nouvelle Géographie universelle II,* p. 134, Hachette.

échappe à ceux qui passent rapidement à travers le continent noir, plus curieux du pittoresque des danses que de l'évolution religieuse. Il n'échappe pas moins à ceux qui lisent superficiellement les statistiques et qui opposent facilement le petit nombre des chrétiens à l'immense masse païenne.

Les Missionnaires sont peu nombreux et leur action est nécessairement limitée à un certain territoire. Mais partout où ils ont pu agir directement, partout où ils ont pu exercer leur apostolat avec méthode et persévérance, ils ont obtenu de merveilleux résultats. Dans les cercles évangélisés depuis un demi-siècle, près d'un dixième de la population est déjà gagnée au catholicisme et l'atmosphère chrétienne enveloppe les païens eux-mêmes.

Cette expérience suffit à condamner ceux qui prétendent que le catholicisme n'a aucune chance de succès dans l'Afrique noire. Il est très vrai de dire qu'il rencontre sur sa route des obstacles formidables « chez ces peuples dont toute la vie domestique est fondée sur l'esclavage et la multiplicité des épouses [1] ». Mais à toutes les périodes de l'histoire, le catholicisme a rencontré des obstacles analogues. Les sacrifices qu'il exige, la morale qu'il impose dépassent les forces humaines.

La société antique reposait tout entière sur l'esclavage et les concubines étaient admises par la coutume romaine. Cependant, malgré tous les vices de la Rome impériale, le christianisme a transformé les mœurs et l'Evangile a rénové le droit romain.

Le recul de l'histoire fait oublier trop facilement la durée des siècles et méconnaître le temps nécessaire pour transformer les peuples. Après quelque soixante ans d'évangélisation, les chrétiens à Rome étaient-ils

---

1. GRANGER, *loc. cit.*

proportionnellement plus nombreux que les chrétiens du Togo et du Dahomey ? Mais ils étaient eux aussi une force dynamique dont le triomphe a révélé le caractère divin de la semence évangélique.

Aujourd'hui, dans l'Afrique noire, comme autrefois à Rome et en Gaule, la semence est jetée et portera son fruit. Déjà, le blé lève ou, si l'on préfère une expression plus africaine, déjà le maïs pousse. Ceux qui savent regarder peuvent se réjouir des moissons futures. Certes, le temps sera long et la besogne sera rude. Mais le résultat semble assuré si les catholiques comprennent l'ampleur de la tâche et savent aider résolument nos Missionnaires.

L'héroïque labeur des pionniers de la foi dépasse toute louange humaine et Dieu seul peut connaître les sacrifices que leur sourire sait dissimuler. Nous n'avons pas voulu les louer. Puisse le simple exposé de ce qu'ils font susciter les concours nécessaires pour leur permettre d'achever « l'œuvre du bon Dieu ».

UN MÉNAGE TOGOLAIS EN COSTUME NATIONAL

Le Père Dogli, prêtre indigène, au lendemain de son ordination

PREMIÈRE PARTIE
A travers le Togo

CHAPITRE PREMIER
L'arrivée à Lomé

L'accueil de Mgr Cessou. — La résidence épiscopale. — Les Pères des Missions Africaines de Lyon et le Vicariat Apostolique du Togo. — « Bonsoir Messeigneurs ».

Majestueusement, à vitesse ralentie, le vendredi 21 novembre, quinze jours après le départ de Bordeaux, « l'Asie » entre, par un temps superbe, en rade de Lomé. Le soleil éclaire la petite ville, capitale du Togo français, et se joue dans l'écume de la barre qui bat perpétuellement le sable d'or de cette côte africaine. À l'une extrémité, le palais du Gouverneur ; à l'autre, les tours de la cathédrale; au milieu, le wharf qui s'avance dans la mer ; et, disséminées à travers les filaos, les palmiers et les manguiers, des maisons blanches, des villas, qui donnent à Lomé l'aspect d'une gracieuse station estivale des plages de France.

Le paquebot jette l'ancre vers les quatre heures de l'après-midi. Les trois couleurs flottent aux

1. L'*Asie* appartient à la Cte *des Chargeurs Réunis* dont les paquebots desservent la côte occidentale d'Afrique jusqu'à Matadi, (Congo belge). Le départ de Bordeaux a eu lieu le jeudi 6 novembre 1924 à 11 heures. Les paquebots de la Cte *Fabre et Frayssinel*, partant de Marseille, desservent également la côte occidentale de l'Afrique mais jusqu'à Douala seulement (Cameroun).

flèches de la cathédrale et les cloches font entendre leurs joyeux carillons. Mes cantines sont sur le pont. Je prends congé du commandant, des officiers du bord et des compagnons de voyage qui ont rendu agréables les jours monotones de la traversée. Le bateau continuera sa route invariable tandis que les hôtes de passage, réunis par les hasards du voyage, liés quelques jours par un commun destin, auront été peu à peu dispersés d'escale en escale, le long de la côte du continent mystérieux.

Mgr Cessou me fait l'honneur de venir lui-même me prendre à bord. Il est accompagné du R. P. Riebstein, Supérieur de la Mission. Ensemble, nous prenons place dans le fameux « panier » qui nous dépose dans la barque. La houle balance le frêle esquif que la pétrolette du bord entraîne rapidement vers le wharf où la grue saisit le panier et hisse à bon port les voyageurs. De nombreuses notabilités entourent les Pères de la Mission. Rapides présentations ; aimables poignées de main. La *Marseillaise* éclate et les cuivres vibrent sous le souffle puissant des poitrines noires. Est-on en Afrique ? Rien ne manque : les photographes opèrent. Des milliers de personnes font la haie sur la belle avenue qui conduit à l'église. *Sambre-et-Meuse* succède à la *Marseillaise*, puis des cantiques et des acclamations.

Je ne m'attendais pas à pareille réception. J'arrivais en simple visiteur désireux de s'informer et de s'instruire et tant de solennité m'effrayait. « Laissez-vous faire, me répondit l'Evêque ; vous êtes pour nous non seulement le Directeur de l'Œuvre Apostolique dont nous apprécions les bienfaits, mais le représentant de tous les catholiques de France qui aiment et soutiennent les Missions ».

Nous avançons toujours au milieu d'une foule enthousiaste. Les visages sont noirs mais les yeux brillent vifs et intelligents. Voici le groupe des élèves de l'école professionnelle et les chers Frères qui dirigent leurs travaux ; voici, avec leurs maîtresses tout de blanc vêtues, le casque sur la coiffe, les élèves des Sœurs de Notre-Dame des Apôtres, fillettes et jeunes filles élégamment drapées dans leurs pagnes multicolores. Le cortège nous entraîne. Nous passons devant le temple de l'église réformée de Brême pour arriver bientôt à la cathédrale. Les cloches sonnent toujours. Les bombes éclatent. Les cuivres résonnent. Les chants continuent. La foule a envahi l'église qui déborde. Un parterre d'enfants s'étale aux premiers rangs. Ils sont assis sur le sol presque les uns sur les autres, et se poussent pour mieux voir le visiteur que Mgr Cessou présente à son peuple.

Il faut répondre et répondre par interprète. L'émotion tantôt rend éloquent, tantôt coupe la parole. Je ne sais trop ce qui s'est produit. J'étais vraiment ému de cette réception. Je remerciai de mon mieux et je dis ma joie d'apporter aux chrétiens d'Afrique le salut de l'Œuvre Apostolique, œuvre française qui témoigne du zèle des catholiques de notre pays pour les chrétientés naissantes des pays de Mission ; œuvre romaine qui est une preuve de la sollicitude du Pape pour les benjamins de la grande famille catholique.

L'interprète traduisait en une langue sonore qui m'était étrangère. Mais tous les yeux parlaient et dès ce premier contact, un courant de sympathie s'établissait de suite entre nous.

L'église de Lomé occupe tout un côté du vaste quadrilatère formé par les bâtiments de la Mission. La résidence épiscopale, les écoles, les œuvres y sont réunies. On me conduit à la chambre qui m'est réservée. Elle est simple mais tenue avec soin par le diligent Vitus que Monseigneur a attaché à mon service.

Vitus a de l'ordre. Quand il a passé dans votre chambre, vous pouvez chercher un peu vos affaires. Vous les découvrirez méthodiquement rangées dans votre placard ou votre tiroir. Vitus est instruit. Vous pouvez lui dicter en ewé, en français, en anglais. Ses doigts jouent sans hésiter sur le clavier de l'Underwood. Il copie le latin sans faute et, très pieux, il vous sert la messe avec la gravité d'un clerc. Ils sont plusieurs comme lui en Afrique, auxiliaires humbles et précieux des Missions, qui prouvent ce que l'on peut obtenir de ces noirs si décriés !

Le temps à peine d'ouvrir mes cantines, l'heure du dîner est arrivée. L'accueil des Missionnaires est tellement cordial que l'on est très vite à l'aise avec eux. Ils sont là, une dizaine, des jeunes et des vétérans de l'apostolat. Ils appartiennent à la Congrégation des Missions Africaines de Lyon [1], fondée au milieu du siècle dernier, en 1856, par Mgr de Marion Bresillac et le Père Planque. Ils sont spécialisés dans l'apostolat auprès des noirs. Près de cinq cents religieux, répartis en douze Vicariats ou Préfectures Apostoliques, travaillent à l'évangélisation des païens. Je les verrai à l'œuvre au Dahomey, en Basse Volta et au Togo.

Le Vicariat du Togo, Préfecture Apostolique dès 1892, a été érigé le 16 mars 1914, à la veille du conflit mondial dont les répercussions devaient atteindre ce petit coin d'Afrique. Il était confié aux Pères allemands de la Congrégation du Verbe divin de Steyl. Mgr Cessou a maintes fois rendu hommage aux efforts de ses prédécesseurs. Mais lorsque les Pères des Missions Africaines de Lyon ont reçu,

---

1. Maison-mère, 150, cours Gambetta, Lyon.

L'ATELIER D'IMPRIMERIE

L'ATELIER DE MENUISERIE ET D'ÉBÉNISTERIE

LES TAILLEURS

LES CORDONNIERS

en 1921, l'ordre du Saint-Siège de prendre charge des chrétientés du Togo, tout était bouleversé. Il a fallu regrouper les fidèles, reconstituer le corps des catéchistes et reprendre le travail interrompu. Les bâtiments eux-mêmes, trop longtemps fermés, avaient souffert. De coûteuses réparations s'imposaient. Vaillamment, on se mit à l'œuvre : aujourd'hui, les chrétientés du Togo ne cessent de grandir et de s'étendre.

Je suis avide d'écouter et de faire parler les missionnaires. Ils sont non moins avides d'entendre quelques nouvelles de France. La conversation se poursuit, animée par un vin d'honneur, se mêlant bientôt de l'un à l'autre comme les volutes bleues des pipes et des cigares.

Mais un signal se fait entendre. « Bonsoir Messeigneurs, bonsoir mes Pères, bonsoir mes Frères ». Les boys sont là quatre ou cinq, militairement alignés, les bras croisés ! Ils se regardent, hésitent et les petits avant de commencer jettent un coup d'œil inquiet aux plus grands. Ils ont peur de ne pas bien prononcer. Le chef de bande fait signe. Ils frappent des mains et s'inclinent tous ensemble. L'habitude est tellement prise de ce rite traditionnel que si vous croisez un enfant seul dans le couloir, il s'arrête, croise les bras et frappe des mains pour se donner à lui-même le signal de vous dire bonjour ou bonsoir.

Après les longs jours de la traversée, je regagne ma chambre avec un certain plaisir, me promettant le repos d'une nuit tranquille. La brise de mer rafraîchit l'atmosphère. Sur la toile un peu dure, le sommeil me saisit rapidement. Je dors sous les rideaux protecteurs de la moustiquaire, bercé encore, en rêve, sur la terre immobile, par le rythme mouvant du bateau qui a fui.

———

CHAPITRE II

Le mandat français sur le Togo

Visite à M. Bonnecarrère, Haut Commissaire de la République. — La situation économique. — La réforme monétaire. — Les biens de Mission. — La ville de Lomé.

Le Togo avait été acquis en 1884 au protectorat allemand grâce à l'appui donné par le Gouvernement impérial à quelques commerçants qui traitaient à Anécho et à Bagida avec les indigènes. En 1889, le Togo devenait colonie de l'Empire. Il comprenait un vaste rectangle de 500 kilomètres de long, entre le 6º et le 11º de latitude nord, et 200 kilomètres de large, entre le Dahomey à l'est, la Gold Coast à l'ouest.

L'Allemagne organisa fortement le pays et prépara sa mise en valeur. Mais les chemins de fer, les routes, les plantations étaient obtenues par l'emploi d'une main-d'œuvre réquisitionnée au moyen des prestations. La guerre de 1914 fut l'occasion de secouer le joug. En un mois, l'action concertée des troupes anglaises de la Gold Coast et des troupes françaises du Dahomey libéra le Togoland.

L'accord franco-anglais du 10 juillet 1919, ratifié par le Traité de Versailles et par la Société des Nations, en juillet 1922, a attribué à la France les trois quarts du territoire, environ 57.000 kilomètres carrés, avec une population de 772.000 habitants, tout le littoral avec le port de Lomé et les trois chemins de fer dont il est l'origine.

Le Togo n'est donc pas une colonie proprement dite mais un pays à mandat jouissant de l'autonomie administrative et financière. Le Gouverneur a le titre de Commissaire de la République. Le décret du 29 décembre 1922 a nommé à cette fonction M. Bonnecarrère.

Dès le lendemain de mon arrivée, Mgr Cessou me proposa de faire visite au Gouverneur. J'acceptai très volontiers. Aux colonies, il n'y a pas seulement union sacrée ; il y a, à part de rares exceptions, entente cordiale entre le pouvoir religieux et le pouvoir civil. Du reste, les missionnaires s'imposent par leur influence sur l'indigène. Ils sont arrivés souvent les premiers. Ils restent longtemps. Ils apprennent la langue du pays. Ils ne bousculent pas l'habitant. Les noirs distinguent facilement le blanc qui lève l'impôt, le blanc qui vend des marchandises et le blanc qui les évangélise.

J'aurai l'occasion sur le paquebot du retour de voyager avec M. Bonnecarrère et d'être témoin de sa gaieté, de sa verve, de son entrain. Dès cette première entrevue, j'appréciai l'aimable courtoisie, l'esprit clair, les vues larges du Haut-Commissaire de la République au Togo. Tous ses efforts tendent à mettre en valeur les richesses du pays pour donner plus de bien-être aux indigènes et faire aimer la France. Il parle avec une légitime fierté de la prospérité économique du Togo. Le commerce a passé de 1917 à 1924 de 17 millions de francs à 116 millions et de 15.000 tonnes à 48.000 tonnes.

Ces chiffres sont impressionnants. Quand on arrive de France, on reste rêveur en entendant parler d'un budget qui se solde par huit millions d'excédent. Les difficultés économiques générales ont cependant leur répercussion au Togo. Toute la partie ouest est en relations commerciales des plus suivies avec la Gold Coast. La livre sterling fait loi. Les factoreries de Palimé n'acceptent que l'argent anglais. Le Gouverneur voudrait remédier à cet état de chose par une réforme monétaire en créant le jeton Togolais. Les billets de l'Afrique Occidentale Française subissent chez les indigènes une dépréciation considérable du fait de l'absence de la monnaie d'appoint. Un jeton métallique prendrait une valeur uniforme et aurait cours sur tout le territoire. Une monnaie française se substituerait ainsi à la monnaie anglaise pour les transactions commerciales. Cette réforme monétaire suscite au Togo beaucoup de controverses. Elle a ses partisans et ses détracteurs. Il m'est difficile d'avoir sur ce sujet une opinion personnelle. Je ne puis que souhaiter le succès de tout ce qui doit contribuer à la prospérité économique du pays.

La conversation ne garde pas longtemps une tournure officielle. M. Bonnecarrère entretient les meilleurs rapports avec Mgr Cessou et j'en bénéficie. Il m'assure toutes facilités pour parcourir le pays et il veut nous recevoir à sa table. Divers sujets sont abordés. Le Gouverneur attache à bon droit une grande importance au développement de l'agriculture. L'Evêque est un converti. Mais les ressources, les subventions seront-elles plus abondantes pour les écoles agricoles que pour les écoles de villages ?

La question des biens de mission était encore pendante. Le Traité de Versailles a prévu la dévolution des biens cultuels appartenant à des sujets allemands aux Communautés de même religion. L'administration doit en être confiée à des « boards of trustees » sorte de conseils composés de personnes dignes de confiance. Après de longs pourparlers entre les intéressés et le Gouvernement, la question semble définitivement mise au point. Une lettre de M. Daladier, Ministre des Colonies, en date du 21 octobre 1924, a transmis la solution de M. Herriot, Président du Conseil, Ministre des Affaires étrangères. Les membres des « boards of trustees » seront choisis pour le culte catholique par l'Evêque et approuvés par le Gouverneur. Ces conseils auront la personnalité morale et gèreront les biens sous la direction de l'Evêque. Il serait temps de régler cette dévolution et de ne pas laisser des biens « vacants » à la veille du jour où l'Allemagne doit entrer dans la Société des Nations [1].

Au sortir du palais du Gouverneur, Mgr Cessou me conduit saluer les chefs de service et les principaux catholiques de Lomé. Les monuments de la ville m'intéressent. Le palais de justice est en construction. Un nouvel hôpital s'achève. Les malades indigènes sont soignés dans de petits pavillons où ils peuvent s'installer avec leurs familles. Une maternité, pourvue de tous les perfectionnements modernes, sera prochainement inaugurée.

Lomé témoigne par son développement de l'activité déployée par la France dans le pays confié à son mandat.

---

1. Le décret a enfin paru, en date du 28 février 1926, sous la signature de M. Léon Perrier, ministre des Colonies, et de M. Aristide Briand, ministre des Affaires étrangères. — Il confère, pour l'administration des biens des Missions, la personnalité civile à un conseil composé, pour la Mission catholique, du chef du vicariat apostolique président, assisté d'au moins deux missionnaires choisis par lui et agréés par le gouvernement.

CHAPITRE III

L'école professionnelle

Les ateliers de l'école. — Les professions recherchées. —
Le dédain des métiers manuels. — Une lourde charge
pour le budget.

L'école professionnelle est une des mieux organisées qu'il m'ait été donné de voir sur la côte
occidentale d'Afrique. Les Pères allemands qui
l'ont fondée étaient puissamment soutenus par
leur gouvernement. Ils ont pu construire des
bâtiments vastes et spacieux, parfaitement aména-
gés pour les divers services de l'école. Ces bâtiments
comprennent quatre corps dont deux de 54 mètres
de long et trois hangars ou magasins pour les
marchandises. Actuellement, deux Pères et cinq
Frères des Missions Africaines de Lyon dirigent
une trentaine d'ouvriers et une cinquantaine
d'apprentis, répartis entre les divers ateliers au
nombre de sept : mécanique, menuiserie, ébénisterie, horlogerie, tailleurs, cordonnerie et imprimerie.

L'outillage des ateliers de mécanique et de
menuiserie a été très perfectionné. Un moteur
actionne le marteau-pilon, la fraiseuse, le tour,
les scies à métaux, les mortaiseuses, les raboteuses
et autres instruments modernes.

Les apprentis ne sont admis à l'école qu'à la fin
de leurs études primaires. Les élèves ne manquent
pas. Le noir, adroit de ses mains, apprend volontiers un métier. Les candidats mécaniciens, menui-
siers, ébénistes, tailleurs sont les plus nombreux.
Ils se procureront facilement un emploi au sortir
de l'école.

Les tailleurs s'établissent à leur compte dans les villages. Ils tiennent boutique en plein air avec leur machine à coudre, sous l'auvent des marchés ou à la porte des marchands d'étoffe. Plus rapidement qu'un grand faiseur, ils vous coupent un pantalon ou vous taillent un pagne. A Lomé, la ville élégante, ils copient les meilleurs modèles des modes européennes. Le costume est le premier pas vers la civilisation.

Les charpentiers-menuisiers sont recherchés par les entrepreneurs de constructions. Les mécaniciens se placent comme conducteurs d'autos ou dans les chemins de fer. Les ébénistes fabriquent des meubles qui peuvent rivaliser avec ceux du Faubourg Saint-Antoine. Les modèles auraient, à dire vrai, quelque peu besoin d'être adaptés au goût français ; mais le travail des bois du pays, du rocco, de l'ébène, de l'acajou, donne d'excellents résultats. Une industrie locale du meuble ne manquera pas de débouchés chez les colons européens et chez les indigènes les plus évolués.

Les cordonniers commencent à gagner leur vie dans les principaux centres. L'horlogerie est assez délaissée.

Pour l'imprimerie, les demandes sont rares : « Où trouver du travail à la fin de notre apprentissage ? » disent les enfants. Aucune autre imprimerie n'existe au Togo. Il leur faudrait s'expatrier. Cet atelier est pourtant le plus productif de l'école. Il ne chôme jamais. Il imprime le journal officiel du Togo, le Bulletin de la Mission, le « Mia Holo » et les divers travaux de ville donnés par les commerçants. Il possède 250 kilos de caractères « Ewé » pour les publications en langue indigène, plus de 2.000 kilos de caractères arabes, et des machines à grand tirage.

Tous les ouvriers de l'école sont payés au taux des ouvriers du pays et les apprentis reçoivent dès le début un salaire proportionné à leurs capacités. Le budget des salaires s'élève ainsi à plus de 2.250 livres par an.

L'école professionnelle est une œuvre très intéressante au point de vue religieux comme au point de vue social. Apprendre un métier manuel aux chrétiens prépare la constitution d'une élite qui s'établira dans les villages et y exercera une heureuse influence. Il ne suffit pas de former des employés de factoreries et de bureaux ou de petits fonctionnaires. La tendance des jeunes gens est déjà de dédaigner les métiers manuels ; la plupart préfèrent les carrières d'employés où le travail est moins pénible, moins salissant et permet de mieux s'habiller. N'est-il pas nécessaire de réagir et de constituer par les métiers une classe moyenne qui vivra librement de son travail. L'école professionnelle répond à ce but et serait utilement complétée par une école agricole.

Mais ces œuvres sont lourdes. Le budget boucle difficilement. Les apprentis sont une charge et ne laissent guère de bénéfice. De plus, cette année, les bâtiments exigent d'urgentes réparations.

« Voyez les dortoirs, me dit Mgr Cessou ; avec les tornades de la saison des pluies, ils deviennent un véritable lac. La toiture est à refaire et représente 1.700 mètres carrés à couvrir. La charpente est à surveiller. Les vers rongent les poutres. Ah ! si nos prédécesseurs avaient construit en rocco ! ce bois est inattaquable ; aucun autre ne résiste. Dans les appartements des Pères et des Frères, un plafond s'est effondré. Heureusement, tout le monde était au travail ! La remise en état des bâtiments exigera une somme de cinquante mille francs au moins, au cours actuel de la livre. »

Cet aperçu sur une faible partie du budget d'un Vicariat pourrait éclairer certains catholiques trop empressés à croire que le missionnaire n'a besoin, dans son apostolat, que de quelques sous pour acheter des médailles et des chapelets !

CHAPITRE IV

La vie chrétienne à Lomé

Les œuvres de piété. — Le chant. — Les œuvres de persévérance. — La presse : le « Mia Holo «. — Le Denier du Culte. — Les manifestations religieuses : la fête du Saint-Sacrement.

Le dimanche 23 novembre devait avoir lieu la solennité de la fête du Saint-Sacrement. Les conditions climatériques obligent à renvoyer à cette époque de l'année la procession de la Fête-Dieu qui ne pourrait sortir en mai ou juin pendant la saison des pluies. J'ai eu ainsi l'occasion d'assister aux touchantes manifestations de la foi togolaise envers l'Eucharistie.

Lomé compte aujourd'hui environ 12.000 habitants dont 11.500 indigènes. Sur ce nombre, plus de 7.000 sont catholiques ; plus d'un millier sont protestants ; les païens sont donc le petit nombre. Lomé est une ville chrétienne où l'on retrouve l'organisation et les œuvres de nos paroisses de France.

La piété s'épanouit dans les œuvres. La communion fréquente est en honneur. Aux messes matinales, les hommes assistent nombreux, commerçants, ouvriers ou « clerks » des administrations, tous fidèles à prier avant de se rendre à leur travail. Plus nombreuses encore les mamans qui viennent, le petit enfant sur le dos, roulé dans leur pagne, s'agenouiller à la Table-Sainte. Délicieux spectacle que celui de cette grosse tête noire, habituellement rejetée en arrière, et soudain attentive au geste du prêtre. Elle se hausse par-dessus l'épaule de la mère ou se penche de côté pour regarder l'Hostie !

Il me semblait toujours que Jésus bénissait très spécialement ce tout petit.

La grand'messe réunit, le dimanche, la communauté chrétienne. Les chants liturgiques sont exécutés avec entrain par l'ensemble des fidèles. En l'honneur de la Fête-Dieu, un chœur de jeunes filles fit entendre, pendant l'offertoire et à l'élévation, quelques motets au Saint-Sacrement. Le noir est musicien. L'oreille accoutumée à une gamme moins riche que la nôtre, il est cependant susceptible d'éducation et goûte les rythmes harmonieux du plain-chant. J'ai été frappé en maintes circonstances des résultats obtenus par les missionnaires.

Après la grand'messe, ce jour-là, les délégations des diverses œuvres voulurent être présentées : Congrégation des Mères chrétiennes, Congrégation des Enfants de Marie, Groupement des hommes, Cercle des jeunes gens.

Les hommes ont spontanément demandé, à la suite d'un sermon sur la dévotion au Sacré-Cœur, d'organiser l'Heure-Sainte, de onze heures à minuit, la veille du premier vendredi du mois.

Les jeunes gens ont fondé un Cercle d'études pour fortifier leur foi par l'étude plus approfondie de la religion. Une solide instruction religieuse s'impose en raison de la propagande protestante et de la diffusion des doctrines anti-chrétiennes. Les journaux et les revues de France arrivent régulièrement à Lomé. La littérature d'exportation n'est pas toujours le véhicule des idées saines. Les catholiques doivent être défendus contre les infiltrations du paganisme européen. Mgr Cessou publie dans ce but une revue mensuelle le « Mia Holo », « Notre Ami », sorte de bulletin diocésain qui donne des articles en langue indigène, en français, en anglais. Les derniers numéros parus contenaient tout un exposé de la doctrine eucharistique avec de larges citations des Pères de l'Eglise. Mon premier mouvement fut d'être surpris de ces articles. Je compris très vite. Les protestants répandent toute une série de tracts contre l'Eucharistie. Les catholiques furent les premiers à demander, pour leur répondre, la publication des textes authentiques.

Certains s'imaginent que le prêtre traite le noir en enfant et se contente pour le convertir de faire appel à un vague sentimentalisme. Le prêtre traite le noir en homme raisonnable et s'efforce de développer son intelligence pour affermir sa foi.

L'organisation du Denier du Culte est significative de la confiance de l'Evêque en ses fidèles. « Vous voulez, leur dit-il, que l'Eglise ne soit pas chez vous une étrangère, selon le mot du Pape Benoît XV. Vous devez donc assurer par vous-mêmes sa vie et ses œuvres en votre pays. Jusqu'ici vos missionnaires ont été soutenus par la générosité des catholiques du monde entier. Il est temps de commencer à prendre votre part de nos charges. Vous voulez avoir des prêtres de votre race. Vous devez donc m'aider à entretenir les écoles pour former des catéchistes et des séminaristes ; vous devez m'aider à pourvoir à leur subsistance. Le Denier du Culte prépare le clergé indigène ». Cet appel a été entendu. Les 30.000 chrétiens du Togo, qui sont pauvres, versent pour le Denier du Culte la somme de 60.000 francs. Et encore l'Evêque trouve-t-il le rendement insuffisant. « C'est un début, dit-il ; j'obtiendrai davantage quand tous comprendront leur devoir ».

Les chrétientés naissantes semblent plus ferventes que nos vieilles chrétientés d'Europe. Est-ce à dire qu'il n'y a pas de défaillances ? Il serait naïf de le croire. L'humanité se retrouve partout avec ses égarements et ses faiblesses. Quelques-uns ne persévèrent pas et sont infidèles à la grâce du baptême. Des mariages se brisent ; des unions irrégulières s'introduisent au foyer. Pourquoi voudrait-on que les noirs soient plus parfaits que nous ? Ceux qui tombent savent le regretter, et l'opinion met souvent à leur retour des exigences presque aussi sévères que celles de la primitive Église. L'édifice spirituel s'élève ainsi sur de solides fondements.

Les noirs aiment les fêtes extérieures et les splendeurs de celles de l'Eglise leur donnent satisfaction. Comment décrire la grandiose procession de la Fête-Dieu dont je fus témoin ? Sa Grandeur Mgr Hermann, Vicaire Apostolique de la Basse-Volta, était arrivé de Quittah pour rehausser la cérémonie de sa présence. On me fit partager avec les Evêques l'honneur de porter le Saint-Sacrement. Pendant trois heures, de quinze à dix-huit heures, le cortège se déroula à travers les belles avenues de Lomé décorées de guirlandes et de feuillages. Trois reposoirs avaient été dressés. Le soleil d'Afrique les éclairait de sa lumière vive et crue, et ses rayons transformaient le pauvre célébrant, revêtu de la chape, en une fontaine ruisselante. Je compris par expérience la nécessité des ornements légers sous le climat tropical.

Les chrétiens étaient accourus de tous les villages d'alentour. Deux jours de marche n'effrayent pas les néophytes pour assister à une cérémonie religieuse. Plus de 5.000 personnes formant par instant un cortège de près de deux kilomètres, avançaient dans un ordre parfait. Le chant des cantiques alternait avec la fanfare et la récitation du chapelet. Les catéchistes dirigeaient la procession, fiers et importants comme tout noir chargé d'une mission de confiance.

Le parcours traversait le quartier indigène dont les rues étaient ornées de branches de palmiers. Quelques haoussas regardaient respectueusement cette manifestation catholique. Un peu plus loin, une pauvre vieille, sur le pas de sa case, se mettait à genoux dans le sable avec cinq petits enfants encore en bas-âge. Ils n'avaient point de pagne pour se mêler au cortège mais, inclinés à l'écart, ils esquissèrent un signe de croix et joignirent les mains comme de petits anges. Leur geste m'émut plus encore que les douze coups de canon dont l'artilleur ponctua la dernière bénédiction.

L'atelier de mécanique

Lomé : Ecole des Sœurs. — La leçon de Blanchissage

CHAPITRE V

Excursion en Basse-Volta

Les écoles de Quittah. — Mgr Hermann. — Le régime des
« Grants ». — Les fétiches de la côte. — Le progrès du
catholicisme en Basse-Volta.

Mgr Hermann eut l'aimable pensée d'emmener
le Directeur de l'Œuvre Apostolique et, avec lui,
Mgr Cessou à sa résidence de Quittah. J'acceptai
avec empressement cette excursion en Gold Coast.

Une quarantaine de kilomètres séparent Lomé
de Quittah, chef-lieu du Vicariat Apostolique de la
Basse-Volta. Le problème de la route est à peu
près résolu en Afrique Occidentale. On circule
facilement. L'automobile atteignit rapidement
Aflao, poste de la douane anglaise. La route,
bordée de gracieuses cocoteraies, traverse une
série de villages. Le plus important est Three Town
composé des trois villages de Denou, Hedgrenavo
et Adafia. A mesure que nous approchons de la
ville, la route s'anime de groupes de femmes
marchant à la file et portant sur leur tête les
provisions destinées au marché.

Bientôt, nous sommes à Quittah. Une réception
avait été préparée par les élèves de l'école, et voici
que l'Inspecteur est arrivé, juste ce jour-là, pour
l'examen des classes. Mais, avec une courtoisie
parfaite, M. l'Inspecteur veut que rien ne soit
changé au programme. C'est ainsi que trois prélats
français furent reçus, dans une école anglaise, en
présence de l'Inspecteur officiel, au chant de la
Marseillaise..., en anglais. Pouvais-je moins faire
que de demander aussitôt après, le « God Save
the King » qui fut, comme la Marseillaise, écouté
debout par toute l'assistance.

Le « Head Master » me complimenta en français :
j'étais plus à l'aise pour lui répondre et le féliciter
de bien savoir notre langue. Un « Drill » d'honneur
termina cette réception. Il fut exécuté par des
centaines d'enfants et de jeunes gens qui évoluèrent
impeccablement sous un soleil de plomb sans en
paraître nullement incommodés.

L'école des filles dirigée par les Sœurs de Notre-
Dame des Apôtres n'a pas autant d'élèves que
celle des garçons. L'instruction de la femme, en
Afrique, va à l'encontre des habitudes séculaires
et se heurte à des préjugés tenaces. Les religieuses
les font tomber peu à peu et préparent l'évolution
féminine. L'enseignement ménager complète très
heureusement, dans ces écoles, l'instruction proprement dite. Un « welcome song », accompagné
au piano par une jeune artiste, chanta mon voyage
et une enfant traduisit, avec une modeste assurance, les sentiments de bienvenue de ses
compagnes.

Dans la réunion du soir qui groupait à l'église
toute la communauté, les chrétiens se félicitèrent
des résultats obtenus par les écoles. Ils en firent
justement remonter l'honneur à celui qui avait
reçu, des mains de Mgr Cessou, cette portion
du territoire que le Saint-Siège lui confia.
Mgr Hermann a été sacré en 1923. Il est le premier
Vicaire Apostolique de la Basse-Volta. Alsacien
très attaché à la France, il fit ses études chez les
Pères des Missions Africaines de Lyon. Il arrivait
en 1903, âgé de vingt-cinq ans, comme missionnaire
au Bénin où il demeura jusqu'à la guerre. Mobilisé
dès le début, blessé au Chemin des Dames, il
accomplit son devoir à l'armée comme en Mission,
simplement et vaillamment. Son zèle doit pourvoir
maintenant aux besoins des 12.000 chrétiens et
des 3.000 catéchumènes de son Vicariat. Le chiffre

des communions s'est élevé en 1924 à 69.870 ; 183 mariages chrétiens ont été célébrés ; 2.835 enfants fréquentent les écoles.

Le régime des colonies anglaises permet aux missionnaires de multiplier les écoles. Le Gouvernement a pour principe de toujours encourager les initiatives particulières utiles au bien général. Il accorde de larges subventions aux écoles privées qui acceptent de se soumettre aux règles de l'enseignement public. C'est le système des « Grants in aid ». L'Inspecteur donne à l'école comme conclusion de son rapport une note générale : passable, bien, très bien. Dès lors, l'école reçoit par tête d'élève une somme fixée d'avance par un barême. L'échelle adoptée dans la Nigeria en 1922 était la suivante :

1º Ecole enfantine : Passable, 6 shillings par enfant ; bien, 8 sh. ; très bien, 12 sh.

2º Ecole primaire : Passable, 15 sh. ; bien, 20 sh. ; très bien, 30 sh.

3º Ecole secondaire : Passable, 30 sh. ; bien, 40 sh. ; très bien, 60 sh.

Ainsi, une école primaire de 100 enfants touchera avec la simple note passable, 75 livres, soit au cours de 100 fr., 7.500 fr. Le montant des allocations pour les « Assisted schools » en Côte d'Or, (137 écoles fréquentées par 6.645 enfants) s'est élevé en 1922 à la somme de 5.000 livres. L'Evêque a retrouvé sous forme de « grants » à peu près l'équivalent des salaires dépensés par lui. Il peut donc aller de l'avant et fonder de nouvelles écoles.

Dans les Colonies françaises, le régime est tout différent. Le Gouvernement semble toujours craindre qu'une initiative privée porte ombrage à l'Etat. En matière d'enseignement, la République a gardé jalousement les traditions de l'Empire et sa tendance au monopole. La législation est telle que les Gouverneurs les mieux disposés ne peuvent accorder aux écoles de mission les larges subventions qu'elles méritent.

Au Togo et au Dahomey, on accorde des « Primes » proportionnées au nombre d'enfants reçus aux examens officiels. Dans ce système, aucune aide n'est apportée aux écoles nouvelles et aux écoles enfantines. Les écoles de plein exercice elles-mêmes n'obtiendront jamais par les primes un secours important puisque seules les classes supérieures peuvent présenter des candidats. Mgr Cessou a dépensé, en 1923, 98.325 fr. pour 66 maîtres et 3.366 élèves. La même année, les écoles officielles dépensaient 203.450 fr. pour 40 maîtres et 1.625 élèves. Quelle économie on réaliserait et quel élan on donnerait à la diffusion de l'enseignement dans nos colonies si le système des « Grants » était appliqué aux écoles de missions !

— « Voulez-vous m'accompagner voir une malade ? » me dit Mgr Hermann, après la sieste qui s'impose aux colonies.

Nous partîmes tous les deux pour le village de Jellakofi qui fait suite à Quittah et compte près de 2.000 habitants. Un tam tam monotone se faisait entendre. C'était le troisième jour après la mort d'un vieux païen influent. Pendant neuf jours les fêtes se dérouleront et le tam tam retentira.

Nous entrons dans une cour où une petite fille était étendue au soleil sur une natte : pauvre enfant squelettique que la mort frappera bientôt. Mgr Hermann l'a baptisée. Il lui parle et l'encourage dans ses souffrances. La mère est absente. Les autres femmes s'en occupent peu. La petite fait son signe de croix et s'incline avec un sourire sous la bénédiction de l'Evêque. « Surtout, lui dit-il, en la quittant, garde-toi de te laisser faire

Zangara : Une chapelle en construction

Noépé : Les enfants autour de la cloche

Agou : Dans la cour de l'église

Une rue du village de Kébu-Kpéta

fétiche. Tu es chrétienne, confie-toi à la Sainte Vierge ».

Les féticheurs ont grande influence sur toute la côte. A l'entrée des villages, devant les cases, s'élève un informe monceau d'argile qui est le fétiche protecteur. Mgr Hermann me remet toute une collection qui lui a été donnée par une féticheuse convertie. Une figurine en terre représente Dieu le Créateur, le Guérisseur, le Vengeur. On l'appelle « So » ou « Esé ». Cinq figurines en bois symbolisent les esprits subalternes auxquels on s'adresse pour porter nos requêtes à Dieu. On les appelle « Dola ». Deux sièges sont placés avec le groupe afin d'inviter les esprits à s'arrêter. Les indigènes installent ces statuettes dans une chapelle rustique et le chef de famille y fait chaque matin des sacrifices d'huile et de noix de palme.

Le culte n'est donc pas, semble-t-il, l'idolâtrie grossière d'un objet matériel. Le fétiche n'est que la demeure où réside l'esprit.

Mais les féticheurs ne se préoccupent guère de spiritualiser le culte. Ils préfèrent exiger pour eux-mêmes d'abondantes offrandes et organiser des tams tams joyeux où toutes les licences seront permises.

Les missionnaires avouent qu'ils ont peine à percer le mystère de l'âme païenne.

Le lendemain, après une nuit relativement fraîche, — il n'y avait que 27 degrés dans ma chambre à 6 heures du matin, — nous prenons le chemin du retour vers Lomé et nous nous arrêtons dans les petites écoles des villages.

— « Quels sont les baptisés ? » demandait Mgr Hermann à l'école d'Adina où une vingtaine d'enfants s'exerçaient au syllabaire. Quatre levèrent la main.

— « Quels sont ceux qui désirent être baptisés ? »
Sauf trois petits nouveaux, indifférents à ce qui se
passait, tous les autres levèrent la main et réci-
tèrent leur prière.

A Denou, s'étaient réunies les écoles des environs. Le Père curé dissimulait sous un sourire la
fièvre qui le tenaillait et les chants donnaient à la
réception une allure joyeuse. J'acceptai et les
fleurs et les compliments. Le Head-Master me les
offrait et me promettait des prières pour m'obtenir
« many happy returns of the day ».

Deux catéchistes accourus pour cette fête ris-
quèrent de ne plus connaître les « happy returns
of the day ». Ils eurent l'imprudence de s'endormir
dans le jardin. Vers deux heures du matin, l'un
d'eux s'éveilla en sursaut, enlacé par un serpent.
Effrayé par ses cris, l'animal consentit à prendre
la fuite sans insister davantage. Il est dangereux
en ces régions de dormir à la belle étoile.

Je remerciai Mgr Hermann et le félicitai de tout
ce que j'avais vu.

— « La conquête de la côte est son œuvre, me
dit Mgr Cessou, tandis que l'auto nous ramenait
vers Lomé. La population très dense sur cette
lagune se tenait éloignée du catholicisme.
Mgr Hermann chercha, dans les villages, les jeunes
gens anciens élèves de l'école de Quittah. Ils furent
le levain qui souleva la masse. Vous avez vu des
écoles dans la plupart des petits villages et dix
stations nouvelles seront ouvertes dans quelques
mois. Quittah n'a pas encore la belle église dont
s'enorgueillit Lomé. Mais le Vicariat n'existe que
depuis deux ans et les écoles donnent les plus belles
espérances. »

CHAPITRE VI

Les stations secondaires : de Lomé à Palimé

Awatamé : une hutte de chaume. — Zangara : une chapelle
en construction. — Noépé : une réunion improvisée. —
Assahun : l'appel pour le clergé indigène. — L'attachement
au Pape. — Les écoles de village : la récitation.

Les Missions de Lomé et de Quittah sont des
missions relativement anciennes et complètement
organisées. Une tournée à l'intérieur me permettra
de voir les stations secondaires et les postes de
début.

Mgr Cessou a préparé, dans cette pensée, une
tournée pastorale supplémentaire. Nous partons
le mercredi 26 à 9 heures du matin. M. Vergès,
Administrateur du district, nous offre place dans
son automobile. Une autre suivra avec Vitus et les
bagages.

La première étape est fixée à Assahun, centre
important sur la ligne du chemin de fer de Lomé
à Palimé. La route traverse plusieurs villages. Les
cases d'Awatamé se dissimulent à une centaine de
mètres de la route. Tout au bord, se dresse une
hutte formée de feuilles de palmiers que les catéchumènes ont tressées avec ferveur. Bethléem
n'était pas plus pauvre. Il y a un petit autel, un
crucifix, une image de la Vierge et au-dessus de
l'entrée, un drapeau français. Les enfants sont
fiers de cette hutte comme d'un palais. De tout
cœur, on prie un instant avec eux.

Zangara est un centre de marché qui attire la
population environnante. Les notables, réunis pour
nous saluer, nous conduisent à la chapelle qu'ils ont
entrepris de bâtir. Le Frère Aimé, un des maîtres de
l'école professionnelle, dirige les travaux. Les

néophytes construisent eux-mêmes les murs de terre sur lesquels la charpente sera facilement adaptée et recouverte de chaume. Le chef païen exprime à Monseigneur sa joie d'avoir obtenu un catéchiste résident.

A partir de Zangara, situé sur le plateau côtier, les champs de maïs et de manioc se succèdent jusqu'à Noépé où notre arrivée est une surprise. La T. S. F. noire était en défaut : on ne nous attendait que le lendemain et on travaillait encore aux préparatifs de notre réception. Les cases soigneusement alignées, les cours séparées les unes des autres par une légère clôture de bambou et de feuilles de palmiers, donnent au village un aspect propre et élégant. Plus définitive, avec ses murs de brique et sa toiture en tôle ondulée, l'église affirme les progrès de la chrétienté. Elle mesure 25 mètres sur 8. Les fidèles l'ont édifiée à leurs frais. Ils ont payé la charpente. Les Pères du district ont payé la toiture. Les uns et les autres sont pauvres. Ils ont mis en commun leurs privations pour donner au bon Dieu une belle case.

La cloche sonne à toute volée. Les enfants arrivent joyeux en gambadant. Ils se pressent autour de nous, les bras croisés, très drôles avec leur grosse tête, leur ventre bombé et leurs petites jambes minces comme des allumettes. On parlerait encore si M. Vergès ne nous rappelait que l'heure s'avance.

Nous arrivons vers midi à Assahun. Les chrétiens sont depuis près de deux heures à l'entrée du village. Ils ont dressé un arc de verdure. Le Père Rimli qui dessert cette station, tout en résidant encore à Tsévié où nous le retrouverons, est entouré de ses enfants de chœur. La procession se met en marche vers l'église au chant de cantiques dont je reconnais les vieux airs.

La scène se renouvellera de poste en poste. Chrétiens et catéchumènes s'entassent à l'église, pleine comme aux grands jours de fête. Pourquoi cette visite ? Mgr Cessou la leur explique. Les chrétiens de France les aiment, les soutiennent de leurs dons, leur envoient des missionnaires. Ils veulent savoir si les chrétientés naissantes du Togo sont dignes de leurs efforts. Je n'oublierai pas le geste expressif de l'interprète affirmant que j'avais voulu voir de mes yeux ! L'Evêque les exhorte donc à être fervents. Mais surtout il leur rappelle que les missionnaires blancs sont peu nombreux et il les supplie de demander que Dieu daigne choisir parmi leurs enfants des prêtres de leur race. J'ai l'impression de prendre part à une grande tournée en faveur des Vocations sacerdotales et du clergé indigène.

Je note aussi l'attitude de cette foule dès que l'on parle du Pape, du Père de tous les fidèles qui s'intéresse aux plus humbles, aux benjamins de la grande famille catholique. Dans ces pays où les pouvoirs civils se sont succédés, où les Anglais ont gouverné après les Allemands pour passer ensuite le pouvoir aux Français, l'unité de l'Eglise frappe beaucoup les indigènes. Les missionnaires envoyés par Rome peuvent être de nationalités différentes, ils enseignent la même foi. La grande force de l'Eglise se révèle là, dans ce petit village d'Afrique où les noirs, hier sauvages, acclament aujourd'hui le Pape, le Chef de l'Eglise.

Le Père Rimli nous invite à faire honneur au déjeuner que M. Vergès veut bien partager avec nous. J'essaye d'apprécier la soupe d'Accra, le Fou-Fou au maïs, les boulettes d'igname soufflées, et un poulet à l'huile d'amandes de palme. Je préfère encore les ananas et les bananes. La conversation ne chôme pas. Les coloniaux et les missionnaires ont tant d'histoires à raconter !

L'après-midi est consacrée à l'école, une école de brousse où le catéchiste apprend aux enfants à lire, à écrire et à parler français. Les tout petits savent les jours de la semaine et le nóm du mobilier scolaire très réduit du reste ; les plus grands connaissent les mois de l'année et nomment sans se tromper, la main, la jambe, le nez, la bouche ! Ils seront bientôt des savants. Ces enfants sont très éveillés et plusieurs intelligents. Ils chantent avec entrain la Marseillaise et des cantiques.

Mais il fait chaud dans la classe. On sera mieux dehors sur l'herbe à l'ombre d'un palmier. Tous s'asseyent en rond devant nous. Les plus forts vont « faire récitation », et imperturbablement ils nous débitent « le loup et l'agneau », le « corbeau et le renard », « le laboureur et ses enfants ». Ils mettent le ton, grondent avec le loup et implorent avec l'agneau. Ils semblent très sûrs d'eux. Ils perdent un peu leur assurance quand Mgr Cessou leur demande de traduire en « Ewé » ce qu'ils viennent de réciter. Deux d'entre eux restèrent muets, disons-le pour être exacts. Mais les autres s'en tirèrent tout à leur honneur. « Le laboureur et ses enfants » devient l'apologue suivant : un vieux chef fit venir ses enfants et leur dit de chercher un trésor caché dans un champ. Les enfants cherchent, retournent la terre et ne trouvent rien. Mais la terre retournée, ils semèrent du maïs et récoltèrent beaucoup de grain.

Un autre morceau, exhortation abstraite à pratiquer la vertu, se composait de phrases solennelles tirées de quelque manuel Kantien. Elles me parurent un peu ridicules dans ce décor et je me demandai ce qu'un noir pouvait comprendre à cette haute maxime : « il faut faire le bien pour le bien ». L'enfant n'hésita pas à traduire son morceau et il exprima la maxime finale par ces mots : « il faut faire le bien pour faire plaisir au bon Dieu ».

Pendant ce temps les plus petits se bousculaient malgré les efforts d'Augustin, le bon catéchiste. Un bambin, superbe dans un pagne flambant neuf, reste un peu à l'écart. Il se drape dans l'étoffe, la rejette et la remet tour à tour, fait deux pas, tombe sur l'herbe et recommence assez embarrassé de son nouvel habit.

Le soir, dans le grand silence à peine troublé par le bourdonnement des moustiques, je songeais aux résultats merveilleux de ces petites écoles de village où l'on enseigne avec les rudiments du français, l'amour du bon Dieu.

CHAPELLE DE TOPLI : OFFRANDE DES FRUITS

Le Père Kennis dans les montagnes de l'Akposso

CHAPITRE VII

Les stations secondaires : de Lomé à Palimé (*suite*)

La forêt de palmiers. — Le village d'Agou. — Les chemins
de fer du Togo. — La ville de Palimé.

En Afrique, on se lève tôt plus volontiers qu'à
Paris pour profiter de la fraîcheur matinale et
devancer les premiers rayons du soleil. Le chant
du coq me trouve debout.

Après la messe où une centaine de communions
ont été distribuées, nous nous embarquons dans
une camionnette qui nous conduira à Agou. La
route est plus ou moins ravinée. Des ponts rus-
tiques gémissent et plient sous le passage de la
voiture. Le soleil éclaire de sa lumière monotone
les hautes herbes dominées par les immenses et
inutiles « fromagers ». De temps à autre, des
termitières géantes se dressent, mystérieuses
demeures des fourmis blanches. Ces insectes des-
tructeurs distillent un suc qui durcit comme du
ciment romain et en une nuit bâtissent leur logis.
Les rats palmistes, sorte d'écureuil à longue queue,
dérangés par le bruit de l'auto passent et repassent
à travers la route. Mais à mesure que nous approchons de la montagne d'Agou, le paysage quitte
son aspect uniforme. La forêt de palmiers, riche
et opulente, s'étage sur le flanc de la montagne.

Nous sommes dans la plantation d'Agou créée
par les Allemands. Le palmier à huile est une
richesse de la colonie. Il est abondamment répandu
à Agou, dans les zones humides de l'Akposso, dans
tout le Bas-Togo et spécialement dans la région
de Tokpli et du Mono. Les exportations d'amandes
ont passé de 6 millions de kilos en 1922 à 10 millions
en 1923, et les exportations d'huile de 950.719 kilos

à 2.913.706. On estime que ces chiffres représentent à peine le cinquième de la production possible du territoire.

Nous ne nous arrêtons pas aujourd'hui à l'usine d'Agou. Le Père Bedel nous reçoit à l'entrée du village. Des salves répétées signalent notre arrivée. La fanfare nous précède vers l'église. Le Père Bedel a vingt-cinq ans d'Afrique. Il gouverne ses ouailles avec l'énergie qu'il met à parcourir son district montagneux, un bâton à la main. Mgr Cessou s'installe à l'harmonium : les Evêques missionnaires dirigent les chants, les plantations, les constructions et gouvernent prêtres et fidèles. Ils n'en sont pas moins le grand chef que chacun aime et révère.

La bénédiction du Saint-Sacrement terminée, le cortège se reforme pour nous conduire au presbytère situé à un quart d'heure de marche de l'église, à mi-côte, dans un site délicieux, à l'ombre de beaux palmiers. De la terrasse, à travers la verdure, on aperçoit le village dont les cases apparaissent au loin comme de grosses ruches d'abeilles. J'en admire le charme et la poésie mais le Père Bedel qui fait la route maintes fois par semaine est moins enthousiaste et préférerait loger un peu moins haut.

Le presbytère est envahi par les paroissiens. Volontiers, tous assisteraient à nos agapes et nous contempleraient manger une délicieuse salade de cœur de palmier. Le Père Bedel les expulse dans le jardin. Les chefs seuls resteront et l'Evêque s'entretient avec eux de la situation du district. Le thème habituel revient comme un « leit motif » : il faut donner des enfants aux écoles et aux séminaires ; il faut vous organiser pour soutenir vos œuvres et votre clergé. Et gravement, les chefs offrent une douzaine d'œufs et un plat d'oignons : ce sont des prémices.

L'après-midi, le train nous conduira à Palimé et nous connaîtrons ainsi tous les moyens de communication du pays.

Trois lignes de chemin de fer se détachent de Lomé. L'une de Lomé à Anécho, 43 kilomètres, suit la côte ; l'autre, de Lomé à Atakpamé, 157 kilomètres, s'avance vers le nord du pays ; la troisième, 118 kilomètres, va de Lomé à Palimé vers l'ouest. Ce petit chemin de fer, avec son allure modeste, rend les plus grands services. Le trafic est sur toutes les lignes en progression constante. Il s'est élevé en 1923 à 175.000 voyageurs et à près de 30.000 tonnes.

Le train passe à Agou vers 15 h. 30. Le chef de gare est un ancien élève de la mission. Nous prenons place dans un wagon de première ou mieux sur la plate-forme d'où l'on peut jouir du paysage. Et bientôt se dessine le clocher de Palimé.

Palimé est une ville importante au centre du transit avec la région de Kpandou. Elle est le siège d'un marché considérable de cacao. Douze firmes françaises et anglaises y ont établi des factoreries. L'argent anglais fait loi et je devrai payer en livres un peu de linge dont j'aurai besoin en cours de route. La ville peut rivaliser avec Lomé pour son activité commerciale, pour sa belle église et pour sa communauté chrétienne. La réception qu'elle nous prépare sera digne de la capitale. Des souhaits et des fleurs nous accueillent à la gare et on se rend à l'église sous des arcs de triomphe.

Le Père Olier est très fier de ses paroissiens, de son école de filles dirigée par les Sœurs de Notre-Dame des Apôtres, de son école de garçons, des sites enchanteurs de son district. Mais il est fier aussi de son jardin potager. Avec quel soin il fait arroser les choux et les carottes destinés au concours agricole ! Il a déjà obtenu plus d'un prix.

Mais il veut surtout donner un exemple et apprendre aux indigènes à multiplier les cultures vivrières. Le jardin des missions est un début d'enseignement agricole.

Les Sœurs rivalisent avec les Pères. Elles cultivent avec leurs élèves les légumes de France. Mais elles ne négligent point les fruits du pays. Un envoi de superbes papayes qui font les délices des voyageurs assoiffés témoigne de leur délicate attention et de la richesse de leur jardin.

Environs de Palimé : Village de Yo

Palimé : Les autos pour le transport du cacao

Kpandu : Le Père Dogli et Mgr Cessou
sur la place du marché

Kpandu : Le Père Dogli et Mgr Boucher
dans les jardins du presbytère

CHAPITRE VIII

Le premier prêtre indigène du Togo

La route de Kpandou. — Le Père Dogli : un précurseur et
un entraîneur. — Dagodu II roi de Kpandou.

Taillée au flanc du massif de Bouen, la route de
Kpandou serpente à travers la montagne. Les
Allemands ont dépensé pour l'établir, avant guerre,
plus de 3 millions de marks. Elle relie deux centres
de grande activité commerciale et à la saison du
cacao les camions se succèdent sans interruption.
La circulation a été réglementée en raison de
l'intensité du trafic et des difficultés de la route.
Palimé a devancé Paris pour introduire le sens
unique. Pendant trois heures, les camions vont
vers Kpandou ; pendant trois heures vers Palimé ;
et de six heures du matin à six heures du soir, la
circulation ne cesse pas.

Nous nous hâtons de partir à la première heure
pour suivre la file et l'auto s'engage dans cette
route en lacets qui me rappelle certaine route des
Pyrénées. Les montagnes sont moins hautes, moins
abruptes, mais la végétation est plus puissante et
annonce déjà celle de la forêt équatoriale. Du
fond des ravins s'élèvent les tecks majestueux
tandis que les larges feuilles des bananiers, les
belles feuilles des palmiers et des cocotiers forment
des vagues de verdure qui se succèdent sans
interruption. Plus loin, des rochers se dressent à
pic et des eaux tumultueuses tombent en cascades.
De temps à autre, on croise quelques indigènes qui
descendent vers la ville une corbeille de fruits sur
la tête. Ils vont silencieux, d'un pas lent, un bâton
à la main comme les montagnards de chez nous.

4

Une longue file de camions chargés de cacao attendent à la douane anglaise. Ce trafic annonce une récolte abondante. Les plantations se sont multipliées et les indigènes ont appris à en améliorer le rendement. Aussi, l'exportation a-t-elle passé de 1.875.362 kilos en 1921 à 3.324.592 en 1923.

L'auto continue vers Kpandou par une route plus facile mais plus banale. A l'entrée du village qui suit la douane, un fétiche monstre porte sur sa tête une vaste calebasse : il peut recevoir des offrandes copieuses. Dans cette région fort riche, il a droit d'espérer beaucoup.

Nous sommes dans la partie du Togo sous mandat britannique qui constitue le Vicariat de la Basse-Volta. J'avais grand désir de voir dans l'exercice de son ministère le Père Dogli, le premier prêtre indigène du Togo, ordonné il y a deux ans à peine. Il est seul actuellement à Kpandou. Le Père Ehrard, dont il est le vicaire, est cloué sur son lit à Palimé par un accident de motocyclette qui l'immobilisera pour une quinzaine de jours. La moto est parfois dangereuse mais combien précieuse pour desservir un district étendu. Le Père Ehrard n'est pas découragé de s'en servir. Il est prêt à recommencer ses courses dès qu'il sera rétabli.

Kpandou est un gros bourg de 1.500 habitants. Les villages qui en dépendent forment une population de 5 ou 6.000 âmes en majorité catholiques. Le Père Dogli cause avec les uns et les autres sur la place du marché. Il s'excuse avec une simplicité charmante de nous accueillir dans un presbytère modeste. Longuement nous causerons au cours de la journée. Il parle très couramment le français, bien qu'il ait surtout l'habitude de l'anglais. Il sait l'allemand puisqu'il a été l'élève des Pères du

Verbe divin de Steyl et le latin d'église lui est familier comme à tout bon prêtre. Il est aimé de ses compatriotes auprès desquels il se prodigue, profitant de sa connaissance des mœurs et coutumes locales pour approcher plus facilement les malades et les vieillards. Il est respecté des autorités anglaises et j'ai été témoin de ses rapports avec le capitaine-administrateur du district que nous avons été saluer avec lui.

L'école catholique compte plus de 150 élèves. Nous arrivons pendant la classe de chant : les enfants préparaient les cantiques de l'Avent. Je leur dis ma joie de saluer, dans le Père Dogli, un homme de leur race, mon frère dans le sacerdoce. Je les félicitai de cet honneur espérant qu'ils comprendraient et que certains voudraient suivre son exemple. Et, à l'enthousiasme de ces noirs acclamant le Pape qui leur donnait pour prêtre un des leurs, une émotion profonde m'étreignit le cœur.

L'exemple du Père Dogli est un argument apologétique dans toute la région. Les missionnaires protestants s'empressaient d'élever des indigènes à la dignité de pasteur et volontiers laissaient croire que l'Eglise catholique refuse de donner place aux noirs dans sa hiérarchie. L'empressement des protestants s'est retourné contre eux. Les Togolais ne prennent pas au sérieux une dignité trop facilement conférée. Les longues années de préparation que l'Eglise exige de ses clercs, les épreuves auxquelles elle les soumet, la dignité de vie que l'on requiert des candidats, fait comprendre à tous la grandeur du sacerdoce catholique.

Vous êtes, au Togo, un précurseur, cher Père Dogli. Puissiez-vous être un entraîneur ! En Afrique comme en Chine, le problème du clergé indigène est, selon le mot de Mgr de Guébriant, la grande question missionnaire de l'heure présente. L'avenir du catholicisme est lié à sa solution.

Avant de prendre le chemin du retour, Mgr Cessou me conduit saluer les chefs indigènes. Dagodu II, roi de Kpandou, est un noble vieillard qui a fêté en 1922 le vingt-cinquième anniversaire de son couronnement. Dès l'origine, il a favorisé de tout son pouvoir l'établissement de la mission catholique. Une arbre fétiche s'élevait sur l'emplacement de l'église. Il a bravé les vengeances des féticheurs et a eu le courage de l'abattre lui-même pour libérer le terrain. Pour de futiles motifs, il avait été déporté par les Allemands au Cameroun. La guerre l'a délivré et les Anglais l'ont ramené dans son village. Ses compatriotes qui l'entourent d'estime et de sympathie, lui ont offert, pour son vingt-cinquième anniversaire, une belle couronne d'or massif.

CHAPITRE IX

Dans la montagne d'Agou

La station agricole de Klouto. — L'ascension du pic d'Agou.
— Le village de Kébu-Kpéta. — La plantation d'Agou :
une huilerie moderne.

Le lendemain, 29 novembre, M. Armand, administrateur du Cercle, que nous avons vu la veille dans sa belle résidence de Misahohé, vient nous prendre pour nous conduire au pied du pic d'Agou dont le sommet se dresse au sud de Palimé, à plus de mille mètres d'altitude.

L'Administrateur se préoccupe beaucoup du développement agricole de la région. Il a multiplié les essais d'élevage des lapins et des moutons. Il nous fait visiter la plantation modèle que dirige M. Codet. Les plants de tabac donnent le meilleur rendement. On peut espérer réduire prochainement l'importation de 250 tonnes de tabac qu'envoie chaque année l'Amérique pour la consommation indigène.

Le café est l'objet de soins tout particuliers. Des plants d'une espèce hybride, le *Stenophylla Kouillou*, créée au Dahomey, ont parfaitement réussi dans la région. La plante est robuste et le grain excellent. On a distribué en 1924 plus de 80.000 pieds aux indigènes. Le moka de Palimé est savoureux et serait fort apprécié en France.

Le soleil darde ses rayons et la montée de Kébu-Kpéta est rude. Nous avons hâte de nous mettre en route. A Agou, une palabre au sujet d'un indigène tué accidentellement à la chasse est rapidement réglée. Il n'y a aucun témoin : la version homicide par imprudence est officiellement acceptée.

Nous prenons congé de M. Armand et le Père Bedel va nous guider dans notre excursion. Les enfants nous précédent, nos sacs sur la tête. On prend un bambou à la main et on se met en route vers Kébu-Kpéta. Le soleil brûle, même sous les allées ombreuses des palmiers que l'on suit tout d'abord.

Mgr Cessou est un breton d'une quarantaine d'années dont le climat colonial n'a pas encore épuisé la vigueur. Il est né à Quimper en 1884. Il est arrivé en Libéria en 1908 au lendemain de son sacerdoce. Les hasards de la guerre l'ont conduit de Dakar au Cameroun, du Cameroun sur le front français. Il revint décoré de la Croix de guerre dans sa chère Afrique. Il fut d'abord envoyé au Benin et bientôt nommé Administrateur apostolique du Togo dont en 1923 il devenait Vicaire apostolique avec le titre d'Evêque de Verinopolis. Il a du Breton la timidité native et l'énergie profonde. On ne s'aperçoit que peu à peu de l'étendue de ses connaissances comme de l'exquise délicatesse de son cœur. Il aime travailler à son bureau et il aime à circuler à travers la brousse. Il a un tempérament robuste et des muscles d'acier. Il va d'un pas hardi et alerte. Nous avons peine à le suivre. Le Père Bedel et moi, nous fermons la colonne et marchons d'un pas plus lent.

Le sentier contourne le flanc de la montagne. On s'élève peu à peu au-dessus de la forêt de palmiers et bientôt la vue embrasse toute la cuvette de Palimé. La fatigue de l'ascension empêche un peu d'admirer à l'aise le paysage. Des rochers apparaissent. Il faut franchir une centaine de mètres sur un roc uni et glissant. C'est un tour d'acrobatie que l'on a hâte de réussir malgré la chaleur écrasante qui nous accable. Si léger que soit le costume colonial, il pèse lourd et colle à vos membres.

L'eau ruisselle de nos fronts, brûlante comme les eaux d'une source thermale. On est en piteux état pour la réception solennelle qui se prépare. Les 150 catholiques de ce petit village de 600 habitants sont venus à notre rencontre avec la croix de procession. On avance bannière déployée, lentement et péniblement, et tout à coup les cases apparaissent accrochées à la montagne et abritées dans les plis des rochers. Elles s'étagent jusqu'au plateau très étroit où s'élèvera l'église. Il est midi. Nous devons faire pitié, car on s'empresse d'abattre des noix de coco pour nous les offrir. Ce liquide laiteux et chaud me semble fade. Je saisis une orange que je suce avec une gourmandise empressée : de ma vie je n'en ai mangée d'aussi bonne. La joie de ces braves gens vaut bien notre peine. Ces néophytes sont pleins de bonne volonté. Ils assurent l'entretien du catéchiste et commencent la construction d'une église plus vaste que la petite salle où ils sont entassés. Nous les encourageons à l'achever rapidement et à mettre leurs soins à agrandir aussi l'édifice spirituel de leur chrétienté naissante.

Je plaignais le Père Bedel et l'admirais de desservir à son âge un poste si dur. « Mais non, me disait-il, la besogne est bien simplifiée. Ce sont mes paroissiens qui descendent et viennent à l'église. Au besoin ils m'apportent leurs malades. Je monte de temps à autre mais pas aussi souvent que vous pensez ».

La messe est célébrée rarement dans ce petit village perdu dans la montagne. Mais les chrétiens s'empressent à cette messe. Dans nos campagnes de France, le prêtre est parfois seul pour célébrer le divin mystère et le paysan, qui demeure à l'ombre du clocher, passe indifférent, ses outils sur l'épaule, devant l'église de son baptême.

Il fallait maintenant redescendre. Les petits enfants se bousculent pour nous faire escorte. Ils dévalent à travers les sentiers rocailleux en chantant à tue-tête ; ils nous suivraient encore si le Père Bedel ne les avait renvoyés.

Nous devions déjeuner chez M. Savary, un jeune ingénieur qui dirige l'usine d'Agou. Il y a encore au moins une heure de marche et le soleil n'a pas ralenti son ardeur. Nous serons un peu en retard mais très disposés à faire honneur aux apéritifs et au déjeuner de notre hôte.

La plantation d'Agou possède une huilerie moderne pourvue d'appareils mécaniques pour l'exploitation des fruits de l'éléis, le palmier au feuillage majestueux finement découpé dont les diverses variétés portent des régimes riches en huile.

Débarrassé de la rafle qui le soutient et des bractées qui le recouvrent, le fruit est cuit à la vapeur et écrasé dans des presses à vis.

L'huile ainsi obtenue est *l'huile de palme*. Mais il reste la pulpe et la noix. La pulpe, utilisée souvent comme engrais, est employée à l'usine comme combustible. Les noix contiennent l'amande qui donnera une seconde huile, *l'huile de palmiste*, plus appréciée encore que la première.

Séchées au soleil, les noix sont concassées dans un appareil spécial. La force centrifuge les projette violemment sur une platine où elles éclatent. Les débris de coques et les amandes tombent dans un récipient où il est facile de les recueillir pour les traiter sur place ou pour les exporter dans les usines d'Europe.

A KébuKpéta, les femmes brassent dans un grand bassin les fruits pilonnés par leurs bras vigoureux et jetés dans l'eau bouillante d'où elles décantent ensuite de leur mieux l'huile qui remonte à la surface. Le machinisme a perfectionné les procédés primitifs des indigènes.

Nous remercions M. Savary des explications qu'il nous a données et nous quittons le Père Bedel qui, content et fatigué, remonte d'un pas traînant vers son presbytère tandis que l'auto nous ramène promptement à Palimé.

CHAPITRE X

De Palimé à Atakpamé

La résidence de Palimé. — La fête de l'Avent. — Le massif
des Fétiches. — Les offrandes d'Agadjii. — Le rôle des
catéchistes. — Le plus grand poivrot de l'Akposso. —
L'Harmattan. — L'arrivée dans la nuit.

Le repos de la nuit a dissipé les fatigues de
l'ascension du pic d'Agou et j'apprécie l'hospitalité
des Pères. Leur maison, à Palimé, offre un confort
très modeste mais suffisant pour répondre aux
exigences de l'hygiène coloniale. Les missionnaires
font des séjours trop prolongés sous un climat
épuisant pour n'être pas obligés de prendre toutes
les précautions utiles. Beaucoup sont tombés au
début par imprudence. Les Supérieurs ont soin
aujourd'hui de veiller à la salubrité du logement.
Dans la plupart des postes, la maison comporte
un étage et le rez-de-chaussée ne sert que pour
les réunions et les classes. De larges vérandahs
préservent du soleil. Le régime de la table est
simple et substantiel. Il faut détruire la légende
du missionnaire vivant seul dans la brousse, misérablement logé dans une case indigène et privé de
toute nourriture européenne. Ceci est l'exception
des débuts ou des tournées passagères. Le
missionnaire vit dans des conditions normales pour
durer aussi longtemps que le Bon Dieu voudra et
accomplir toute la besogne possible.

— « Ils sont trop peu nombreux pour que je ne
les ménage pas », me dit Mgr Cessou qui n'a pas
l'air du reste de se ménager lui-même.

Le premier dimanche de l'Avent tombait le
30 novembre. On aura une idée de la délicatesse
des Pères pour leur hôte par les vœux de fête

qui me furent adressés à l'occasion de la Saint-André. Les écoliers et les enfants des Sœurs me souhaitèrent : « pour le reste de votre voyage une bonne santé et un bon accueil partout ». Ces petits ont été exaucés.

L'Avent est une fête dont je sentis plus vivement toute la signification sur ce sol d'Afrique. Les pauvres noirs ont attendu plus longtemps que nous le Sauveur. Le joug du démon n'est pas pour eux un vain mot. Il pèse encore lourdement sur le pays et les féticheurs ne l'allègent pas. Les anciens ont connu le temps où, pour satisfaire la divinité, on immolait les holocaustes et parfois des victimes humaines. Aujourd'hui, les chrétiens savent que la messe renouvelle pour eux le grand sacrifice du Calvaire qui leur a apporté la délivrance. Ils y assistèrent pieusement et beaucoup vinrent communier. Je déposais l'Hostie sur leurs lèvres, admirant l'œuvre de la Rédemption qui se continue à travers les siècles.

Esclaves, ils l'ont été hier. Ne le seraient-ils pas encore demain si la civilisation matérielle s'implantait seule sur ce pays ; si l'Evangile ne jetait dans ces âmes un souffle d'idéal ? Il est utile de faire des routes et d'apprendre aux indigènes à exploiter les palmistes et le coprah, à planter du café ou du coton : il est plus nécessaire encore de leur apprendre la prière et le sacrifice.

Comme à Lomé, il y a, après la grand'messe, réception des chefs de famille et des mères chrétiennes. Les œuvres naissent spontanément à mesure que les missions se développent. Partout il faut une élite pour diriger la masse et l'entraîner.

Une automobile nous prend aussitôt après le déjeuner pour nous conduire à Atakpamé situé à une centaine de kilomètres dans la région de l'Akposso. La route passe au pied du massif des Fétiches, demeure, dit la légende, des dieux fétiches retirés sur les sommets inaccessibles. Des hauts plateaux descend le Sio qui, repoussé par le massif d'Agou, incline un peu à l'est et va déverser ses eaux dans le lac Togo. Un pont de bois léger et solide relie les rives du fleuve dont le lit a été largement creusé à cet endroit par les eaux torrentielles de la saison des pluies.

La mission de Palimé dessert tous les villages du Cercle. A Kpimé, les enfants arrivent en foule, battent des mains et esquissent une danse : nous avons peine à leur échapper pour repartir. A Adeta, la chapelle a besoin de réparations. Les termites ont rongé les poutres maîtresses ; la charpente a fléchi, soutenue uniquement par le grand portail de la façade qui ne peut plus s'ouvrir. On a suppléé par une porte de côté. Le catéchiste d'Agavé présente de nouveaux catéchumènes : une vingtaine d'adultes parmi les plus influents du village.

Après Sodo, un pont provisoire s'est effondré. L'administration nous avait prévenus. L'auto retournera et nous passerons à pied sur un tronc d'arbre. Le Père Kennis, Supérieur d'Atakpamé, nous attend de l'autre côté avec sa voiture et une camionnette pour les bagages.

Les chrétiens sont nombreux dans cette région de l'Akposso. Chaque village voudrait nous arrêter. Il faut céder à Agadjii. Les enfants barrent la route et ne se laissent pas intimider par le claxon. Ils ont cueilli des fleurs qu'ils nous offrent. Avec eux nous prions à l'église. Dès que nous sortons, un ancien apporte un bélier, un autre une paire de poulets, un troisième des œufs. Que faire de ces cadeaux un peu encombrants ? La camionnette les logera. Mais ce n'est pas tout. Le chef me remet dans la main deux shillings : « Nous avions voulu, me dit-il, offrir comme dans l'Evangile deux pigeons. Nous n'avons pu les attraper. Acceptez-en le prix ». J'ai encore les deux shillings et je ne m'en séparerai pas quelle que soit la hausse des changes ! Je les conserve en souvenir des braves chrétiens d'Agadjii.

A Esimé, le catéchiste est un homme vénérable, Thomas Olympio, chef de section dans ce village tête de ligne des nombreux sentiers qui sillonnent la montagne. Il a préparé une collation dans la chambre du Père et les chrétiens apportent des dons avec leur offrande pour le culte. Ils voudraient bien un Père résidant au milieu d'eux et Mgr Cessou profite de ce désir pour faire appel aux vocations.

Des prêtres indigènes, le salut est là pour l'avenir. Mais, en attendant, quel n'est pas le rôle des catéchistes ! Leur désintéressement est admirable. Quelques-uns bénévoles vivent uniquement du travail de leurs mains comme autrefois saint Paul. Les autres se contentent d'une modeste rétribution qui leur assure le strict nécessaire pour eux et leur famille. Ils instruisent les enfants et les adultes, ils secourent les malades, ils réunissent la communauté chrétienne et récitent les prières ; ils tiennent le Père au courant de la vie chrétienne du groupe. Plusieurs exercent un apostolat actif auprès des païens et peuvent se glorifier des catéchumènes qu'ils ont recrutés.

Sans doute, ils ont besoin d'être visités, encouragés, soutenus. Tous ne sont pas parfaits. Tous n'ont pas reçu aujourd'hui la formation qu'ils recevront désormais à l'école normale. Mais dans l'ensemble, ils sont de merveilleux collaborateurs, des multiplicateurs d'énergie. Ils suppléent au petit nombre des prêtres. Ils économisent les forces des missionnaires et leur permettent de rayonner sur un grand district. Le Père agit par ses catéchistes et se réserve pour lui-même le ministère sacerdotal proprement dit.

Le soleil baisse, il est temps de repartir. Une dernière halte à Agomé Kotoukpa. On se presse à l'église : le catéchiste en fonctions est originaire du pays cabrais où l'Evangile n'a pas encore pénétré.

Le chef païen s'empresse auprès de nous. « Le plus grand poivrot de l'Akposso », me dit gravement le Père Kennis. Je m'efforce de rester sérieux pour lui serrer la main tandis qu'il sourit de ce titre, s'incline et nous escorte en s'agitant.

La nuit tombe. Après la chaleur écrasante du jour, la fraîcheur du soir nous saisit. Nous sommes dans la montagne et l'Harmattan se fait sentir.

L'Harmattan est le vent du désert qui souffle à cette saison. C'est un vent violent, chargé de poussière, qui amène le froid ou, plus exactement, dit-on, en donne l'impression en produisant une évaporation intense. Ce vent très sec absorbe l'humidité du corps. Tout se dessèche et se recroqueville aussi bien les organismes vivants que les objets inanimés.

La transition est brusque mais le trajet sera court. La Ford se hâte : elle grimpe vivement la route tandis que les arbres et les collines projettent autour de nous à la lueur des phares des paysages fantasmagoriques.

Nous atteignons Atakpamé en pleine nuit. Malgré l'heure tardive, la cloche sonne à toutes volées et les chrétiens accourent nombreux recevoir la bénédiction du Saint-Sacrement.

Après la cérémonie, nous gravissons le raidillon qui conduit à la maison des Pères. J'accepte avec plaisir le manteau dont m'enveloppe le Père

Kennis. Je ne m'attendais pas à prendre froid en Afrique ! Le Père Boursin, un grand mutilé de guerre, a veillé sur le dîner. La chaleur communicative des agapes fraternelles nous réchauffe. Nous bavardons longuement et le gramophone termine la soirée par une audition musicale.

L'AUTOMOBILE DU PÈRE KENNIS, MGR CESSOU ET MGR BOUCHER

L'automobile du Père Kennis
dans le village d'Aledjo

Le vieux chef du village

CHAPITRE XI

Vers les pays du Nord

Le progrès du catholicisme. — La culture du coton. — Les
passagers de la route. — La ville de Sokodé. — La route
de la Kara. — A l'entrée du pays cabrais. — Le village
d'Aledjo. — Le raid du Père Kennis. — Les feux de
brousse. — Le retour à Atakpamé. — L'adresse des
chrétiens. — La fête de saint François-Xavier.

Pour la première fois depuis mon arrivée, j'ai
respiré cette nuit un air frais et pur. Atakpamé est
une station délicieuse. La lumière du matin dégage
peu à peu l'horizon. Sur la colline opposée à celle
de la mission, on aperçoit, à travers le feuillage
épais des arbres, les bâtiments de l'Administration,
de l'hôpital et de l'ancienne résidence des Sœurs.

La Ford a été mise au point pour franchir les
200 kilomètres qui séparent Atakpamé de Sokodé.
On part à la première heure après la messe. La
route est une magnifique allée de manguiers bordée
de citronnelle. Nous allons vers les pays du Nord.

— « Ils sont très peuplés, me dit Mgr Cessou.
Sokodé et Sansanné Mango comptent près de
428.000 habitants à peine touchés par la civilisation, à peine atteints par les missionnaires. Nos
30.000 chrétiens sont répartis dans les cercles de
Lomé, Anécho, Palimé et Atakpamé qui groupent
environ 330.000 habitants. C'est donc presque
un dixième de la population qui est conquise là où
le missionnaire a pu travailler. »

— « C'est beaucoup, Monseigneur, si l'on consi-
dère le point de départ, les difficultés à vaincre,
votre personnel trop restreint, vos ressources trop
réduites. Vous pouvez vous féliciter d'un tel
résultat. »

— « Il nous donne confiance. Mais voyez la tâche immense qui reste à accomplir, et devant laquelle nous nous sentons humainement presque impuissants. »

L'auto franchissait un berceau de verdure qui marque la limite des deux cercles. Nous entrons dans celui de Sokodé. La route devient plus monotone. Les palmiers s'espacent. On file à travers les grandes herbes de la brousse coupées çà et là de champs de coton dont la récolte s'annonce assez belle.

L'administration pousse beaucoup les indigènes à la culture du coton. 50 tonnes de graines ont été réparties entre les villages du cercle de Sokodé. Le cercle d'Atakpamé récoltera cette année près de 700 tonnes, les deux tiers de la production actuelle de la colonie.

Si la route est monotone par son paysage, elle devient de plus en plus pittoresque par ses passagers. Nous croisons de nombreuses caravanes et, parmi elles, les typiques Cabrais portant sur la tête leur charge de sel. Un parapluie posé en travers du sac au cas où une tornade éclaterait, demeure, dans la marche, en parfait équilibre. Un éventail en bandoulière, parfois un poignard attaché au bras, ils vont insouciants, d'un pas souple et assuré, exposant au grand soleil leurs formes harmonieuses qu'ils n'éprouvent pas le besoin d'abriter sous trop de vêtements !

Au passage de l'auto, tout le monde se range avec empressement. Les femmes sautent de côté dès que le claxon se fait entendre. Plus d'une trébuche et fait tomber son fardeau. Les jeunes rient. Les vieilles regardent appuyées sur leur bâton et suivent la voiture avec de grands yeux étonnés. Tous saluent le blanc qui passe, selon le rite de leur tribu, soit d'un geste de la main de droite à gauche, soit en soulevant un peu leur fardeau, soit d'un cri guttural, soit de deux doigts qui se lèvent.

La chaleur étouffante a succédé à la fraîcheur du matin. On s'arrête un instant dans les villages à Blita, à Djabatamé : les chrétiens y sont rares. On nous ravitaille cependant avec complaisance et les enfants nous entourent avec sympathie. Le costume du missionnaire est connu et les païens eux-mêmes le vénère comme celui d'un féticheur puissant.

A 11 h. 30 nous sommes à Sokodé. Nous avons parcouru près de 200 kilomètres en 5 heures soit une moyenne de 40. En France ce serait peu ; ici, vu l'état des routes, c'est une bonne moyenne.

Sokodé sera dans l'avenir un centre de grande importance au point de vue commercial. Aujourd'hui les services administratifs constituent à eux seuls, avec quelques indigènes, toute la ville.

Le commandant est en tournée. Le lieutenant Durin, son adjoint, nous reçoit fort aimablement. Il fait aménager pour nous la case de passage, une maison spacieuse et assez confortable, et veut nous garder à sa table.

Il faut partir très vite, malgré la chaleur de l'après-midi, pour essayer d'atteindre le pont de la Kara et de revenir avant la nuit. Les monts de la Kara se dessinent à l'horizon. Sur la gauche se dresse le massif du Tchaudjo dont la partie ouest continue les monts des Fétiches par le plateau de Fassaou. Sur la droite, la plaine du Tim sépare le massif de Koronga du massif de Soudou-Dako.

La route est dure. La petite Ford monte lentement. Après le passage de la Moo, la route surplombe la vallée et suit en corniche le flanc de la montagne. Un couloir étroit, découvert entre deux rochers, a évité des travaux considérables et ajoute au charme du paysage. La lumière subtile s'infiltre entre les deux masses. Les rayons et les ombres se mêlent parmi les branches des chétifs arbustes accrochés dans le roc. Le spectacle est magnifique. De l'autre côté, une équipe d'ouvriers achève de remblayer la route. Nous sommes au sommet du plateau, non loin de Baffilo, à l'entrée du pays Losso et du pays Cabrais.

Mgr Cessou a visité l'an dernier ces populations primitives. Il a l'impression, pour les Cabrais particulièrement, d'une race énergique et saine. Agriculteurs habiles, ils aiment avec passion leur sol et en cultivent la moindre parcelle. Les champs, soutenus par des murs, s'étagent sur les collines comme les vignes du Sancerrois dans le centre de la France. Au point de vue religieux, il semble qu'il n'y ait chez eux ni fétiches ni féticheurs et que le culte soit avant tout familial.

Les musulmans les sollicitent. Les Haoussas ont essayé de pénétrer leurs villages. Jusqu'ici ils n'ont pas réussi à les convertir à la circoncision et à les persuader de renoncer à la bière de mil, *le Solum ou Tchappalo*. Les Cabrais sont plus de 130.000 ; les Lossos plus de 60.000 . Les uns et les autres subissent l'influence d'une tribu voisine plus évoluée, les Cotocolis, malheureusement fétichistes et entamés par la religion musulmane. Il serait important de pouvoir évangéliser les Cabrais et les Lossos, pour barrer la route à l'islamisme.

Nous sommes arrivés à la croisée des chemins. Il est bien tard pour continuer vers la Kara. A droite, le chemin d'Aledjo. Aucune automobile ne s'y est encore risquée. Le Père Kennis prend le volant et s'engage hardiment sur la piste un

Au pays des Lossos : Danse guerrière

La préparation du Fou-Fou dans un village de l'Akposso

peu cahoteuse. Deux fois il faut descendre. L'auto bondit à travers les rocailles. Elle passe et nous conduit chez les Cotocolis d'Aledjo. Le village, de plusieurs milliers d'habitants, occupe un vaste plateau qui domine la vallée.

L'arrivée de l'auto fait sensation. De toutes les cases, les habitants sortent en poussant des cris joyeux. Le vieux chef se présente, coiffé de son bonnet, et portant à la main le bâton, insigne de sa dignité. Ses yeux malins nous dévisagent. Le Père Kennis est déjà venu avec Monseigneur il y a deux ans, et a délivré le pays d'un singe malfaisant. On le reconnaît comme un puissant chasseur et on l'acclame. On nous conduit à la case de passage, le caravansérail de l'Evangile. Nous n'avons nulle envie d'y rester. Le vieux chef veut nous garder. Il supplie de rouvrir l'église et de reprendre la mission commencée par les Pères allemands et abandonnée depuis la guerre. Il est très content : « ia cassa, ia cassa, ia cassa . » Il nous offre la coupe de bienvenue. Une vaste calebasse de Tchappalo est de suite apportée. Il boit le premier, moi, après lui, sans sourciller et je me déclare aussi très content : « ia cassa, ia cassa. »

Pendant ce temps Mgr Cessou établit ses plans et examine la chapelle encore debout dans le village. Nous prions pour que des missionnaires puissent reprendre bientôt l'œuvre interrompue.

L'Evêque le fait dire au vieux chef et on se quitte avec mille protestations d'amitié. L'auto passe à travers une foule exubérante, à travers des noirs qui se frappent vigoureusement sur les cuisses en signe d'allégresse et essayent de nous suivre en gambadant.

« Quel malheur, me dit Mgr Cessou, que je ne puisse mettre un Père dans cette région où les musulmans travaillent. Mon plan est prêt : avec treize catéchistes, je prendrai de suite position dans les principaux villages de la région. Mais c'est une dépense de 25.000 fr. par an. J'ai sous la main le chef de section : le catéchiste d'Atakpamé est originaire du pays cabrais et fils d'un grand chef musulman mort l'an dernier. Ce serait parfait pour débuter. »

Et en rêvant de conquêtes futures, nous admirons la profondeur de la vallée qui s'enfonce peu à peu dans l'ombre. Le Père Kennis conduit avec prudence ; nous descendons doucement vers la plaine. La nuit tombe et on avance sur la route à peine éclairée par un pâle reflet de la lune qui se lève et par les phares de la Ford. Des lièvres fascinés par les rayons lumineux galopent à toute allure devant l'auto puis, d'un mouvement brusque, se rejettent dans les hautes herbes. Tout d'un coup, derrière nous, les feux de brousse s'allument et embrasent les collines. Les flammes jaillissent, bondissent, réduisent les herbes en une pluie d'étincelles, enlacent les arbustes, encerclent la montagne qui rougeoie. La flamme cesse à un endroit pour reprendre plus loin avec une force nouvelle. Néron, à Rome, n'avait pas sous les yeux un spectacle aussi grandiose.

Nous rentrons à Sokodé un peu tard et nous nous excusons auprès de M. et Mme Durin. Nos hôtes sont indulgents et nous félicitent de notre raid à Aledjo avant l'achèvement de la route. Devant une table bien servie, nous nous reposons et nous devisons gaiement. A peine la conversation est-elle troublée par un scorpion qui vient rôder autour de nous. On l'écrase d'un coup de botte et on bavarde sans plus y songer.

J'avoue que le lendemain j'ai secoué mes chaussures et j'ai fait attention avant de mettre le pied par terre. N'étaient ces petites bêtes, on vivrait fort tranquille en Afrique. Jamais à Paris, je n'ai dormi ainsi, portes et fenêtres ouvertes, laissé, comme les gazons publics, à la garde de tous les bons citoyens.

A midi, le mardi, nous étions de retour à Atakpamé. J'admire encore la situation de la mission. On pourrait créer là une station de vacances pour les Pères fatigués. Peut-être un peu humide à la saison des pluies, le climat est très agréable en Janvier et Décembre lorsque souffle le vent du désert.

La maison des Sœurs est actuellement fermée. Elle s'ouvrira prochainement de nouveau grâce à l'arrivée d'un groupe de religieuses impatiemment attendues d'Europe.

Nous saluons l'Administrateur, M. Baumard, qui a l'amabilité de nous retenir à dîner avec le commandant Billot et le commandant d'Alès chargés de la direction du chemin de fer et de passage aujourd'hui.

L'école des garçons, proche de la résidence des Pères, occupe un bâtiment moins somptueux que celui de l'école publique. Mais les enfants sont nombreux, leurs cahiers bien tenus, leurs récitations bonnes. La visite se termine par une série d'exercices physiques qui sont en même temps une danse gracieuse. Les pupilles exécutent en chantant des mouvements rythmés. Ils accompagnent leurs chants du choc de deux haltères en bois qu'ils frappent en cadence dans des positions variées prévues par les mouvements gymniques.

Les chefs de la communauté chrétienne voulurent eux aussi avoir leur réception. Leur adresse est très caractéristique des sentiments qui m'ont été maintes fois exprimés : Je la cite en respectant scrupuleusement la rédaction.

« *Atakpamé, le 2 Décembre 1924.*

Monseigneur,

Nous, les catholiques d'Atakpamé, nous éprouvons une grande satisfaction en vous voyant parmi nous, et nous vous remercions mille fois pour votre visite. C'est notre plus grande joie que nous aussi, nous sommes devenus des chrétiens, des catholiques, et par conséquent entrés dans la grande famille formée de différentes nations, qui a pour père notre saint Père le Pape et pour mère l'Eglise catholique, apostolique et romaine. Nous remercions aussi notre Saint-Père qui, pour nous venir en aide, vous a envoyé pour obvier à notre pauvreté. Que le bon Dieu lui donne une longue et heureuse vie. Nous savons tous, ce que les Blancs nous ont fait de bien. Ils nous ont surtout donné la vraie foi catholique ; ils nous ont fait la charité chrétienne et fraternelle de nous envoyer leur jeunesse qui travaille parmi nous et pour nous. Tous ces bienfaits nous font espérer que les Français, nos frères aînés, ne nous laisseront pas en demi-route, mais qu'ils nous prendront sous les bras, nous qui sommes encore dans la jeunesse de la foi. Pour cette raison, notre première demande et notre désir le plus sincère est de nous envoyer des missionnaires tant que vous pouvez. Comme vous l'avez vu vous-même, le manque de missionnaires est très grand au Togo. Nous vous prions encore, si vous rentrez en France, ne tardez pas de nous envoyer de nombreux missionnaires. Une autre chose qui nous manque beaucoup, c'est de l'argent. Il y a beaucoup de stations secondaires où le Père ne peut pas rester toujours, mais où il y a nécessité de mettre un catéchiste pour enseigner les catéchumènes ; mais par manque d'argent, on ne peut qu'y penser et le souhaiter ; quant à y mettre la main, la pauvreté ne le permet pas. En outre, nous revenons sur la question des religieuses. Notre ville a bien une belle maison de religieuses, mais c'est tout, des Sœurs, il n'y en a pas. Nous serions très heureux de voir nos filles, nos sœurs et nos nièces élevées dans cette maison de religieuses. Nous espérons bien que vous nous donnerez tout ce que nous vous demandons humblement, et le bon Dieu vous remerciera et bénira tous ceux qui nous donnent leur bien et surtout qui se donnent eux-mêmes pour la vraie foi catholique.

Nous avons l'honneur, Monseigneur, d'être vos enfants d'Atakpamé, dévoués et reconnaissants. »

L'attachement au Pape, aux missionnaires qu'il envoie, la confiance dans la générosité française, il m'était facile de répondre à ces sentiments. Et le lendemain, en célébrant la messe de saint François Xavier, ma pensée se reporta vers la petite chapelle des Missions Étrangères de Paris où le comité de la Propagation de la Foi fêtait, ce jour là, le grand Apôtre. J'exhortai les chrétiens d'Atakpamé à s'unir aux prières des chrétiens de France.

CHAPITRE XII

Le retour vers Lomé

Une panne malencontreuse. — La danse de Catharina. — Les bienfaits de la France célébrés en anglais. — L'illumination de Tsévié. — La déception d'Agouévé.

Le Père Kennis veut bien nous conduire à Tsévié. La Ford s'est reposée. On part avec confiance et à belle allure jusqu'à Nuatja. La mission n'a pu encore être reprise dans ce centre fétichiste important. Il reste les bâtiments et une cinquantaine de chrétiens.

Une station agricole fondée autrefois par les Allemands, a été spécialisée dans la culture du coton. Les résultats sont excellents. Le rendement en qualité non moins qu'en quantité s'accroit chaque année. Le coton peut devenir une des principales richesses commerciales du Togo.

Nous devons déjeuner à Agbéluhwé. Il est onze heures. L'auto repart mais bientôt le moteur s'essouffle, puis refuse de fonctionner. On essaye de pousser la voiture ; inutile, c'est la panne. Nous en prenons philosophiquement notre parti. Heureusement, nous ne sommes pas trop loin d'un village. Les enfants accourent et, amusés, regardent le Père Kennis qui examine les organes de sa machine.

On a téléphoné à Tsévié pour avoir une voiture de secours. La panne est banale mais elle est l'occasion de curieux commentaires. Si Monseigneur ne peut partir, les féticheurs n'iront-ils pas se vanter d'avoir « barré » la route ? Une excellente chrétienne se désole très particulièrement. Catharina est à Lomé une « mère de l'église » et elle se trouve de passage à Nuadja. Les rides de son front attestent son âge vénérable et sa corpulence donne à ses pas l'allure lourde mais ferme d'une personne d'autorité. Catharina pleure jusqu'à ce que nous ayons accepté de nous réfugier sous le toit d'un de ses parents. Pour ma part, j'aspire à dormir dans le transatlantique qui meuble la case hospitalière. La jeune fille de la maison a certainement des goûts d'élégance. Un catalogue du « Printemps » dont les pages ont été feuilletées plus d'une fois, est ouvert sur la table.

Il doit y avoir dans les Grands Magasins un service spécial pour la correspondance des noirs. On compte par centaines les colis postaux qui restent à la douane. Une histoire court à ce propos dans les milieux coloniaux. Un chef se décide à faire venir à bon compte, pour 5 fr. 75, un fauteuil annoncé par un catalogue. Il reçoit pour ce prix un fauteuil de poupée et se demande encore comment les blancs qui, en Afrique, sont si grands peuvent se servir chez eux de fauteuils si petits !

Mais Catharina ne reste pas inactive. Elle a préparé un poulet exquis. Lorsqu'elle nous voit manger avec appétit, elle oublie ses larmes, frappe des mains et danse joyeusement.

Cependant l'auto de secours arrive : une superbe Dodge mise à la disposition du Père Rimli par un commerçant de Tsévié qui a voulu venir nous chercher lui-même. Nous abandonnons le Père Kennis lui rappelant pour le consoler son triomphe à Aledjo et nous filons rapidement.

Nous n'arrivons à Agbéluhwé qu'à 18 heures. Les chrétiens ne sont pas découragés. La patience noire est à toute épreuve. La poudre éclate de tous côtés : il faut descendre et récompenser leur bonne volonté. Adressé, discours, collation, arque-busade : le programme se déroule. Il ne restera pas un gramme de poudre dans le village. L'hon-

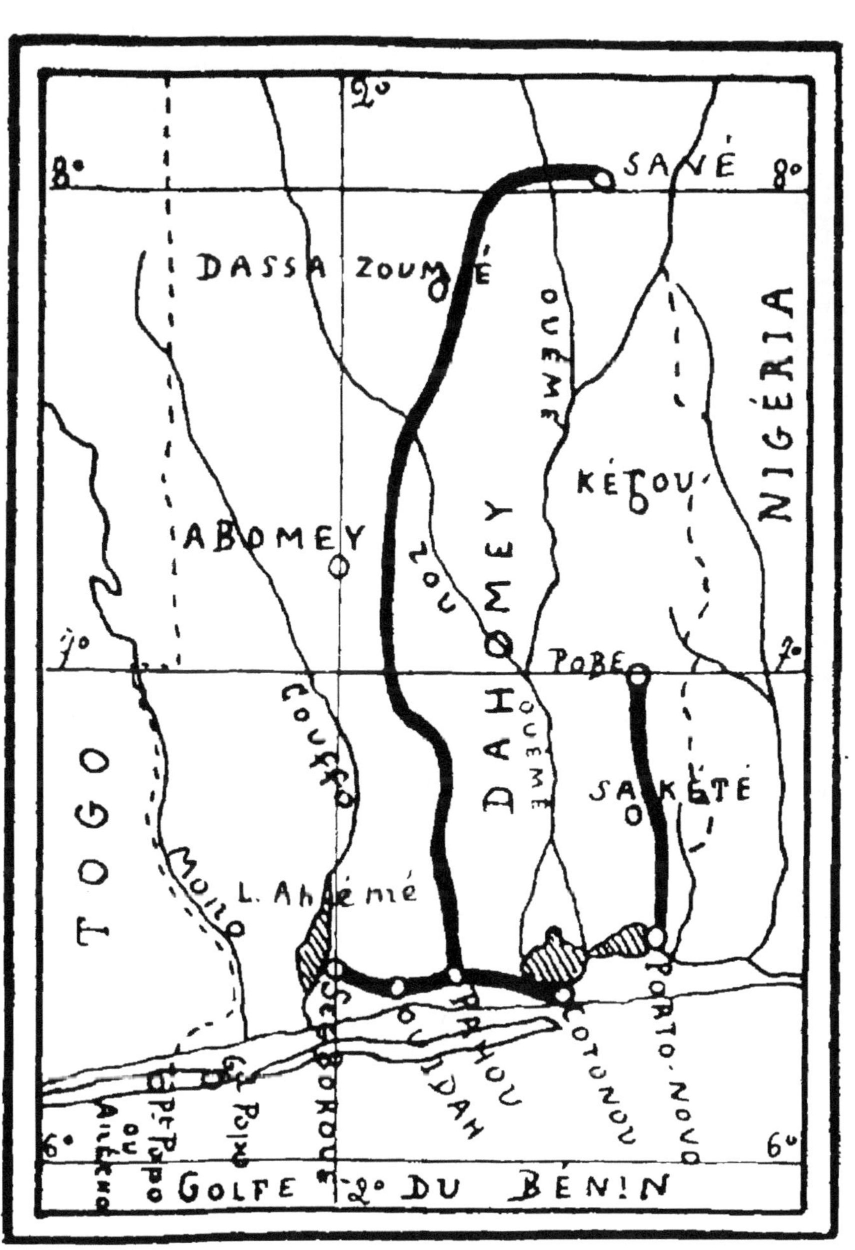

Carte du Dahomey : Région du Sud

TOGO : SUR LE WHARF DE LOMÉ (21 NOVEMBRE 1924)

DAHOMEY : DANS LE VILLAGE D'ADJARA (10 DÉCEMBRE 1924)
MGR BOUCHER ET LE PÈRE AUFFRAY, SUPÉRIEUR DE PORTO-NOVO

neur rendu aux personnages de marque serait incomplet si les détonations ne leur étourdissaient les oreilles.

L'adresse des chefs de la communauté est en anglais. Le français n'est introduit au Togo que depuis trois ans. Les anciens ont dû parler allemand, puis anglais, puis aujourd'hui français. Il faut être indulgent pour eux et accepter qu'ils célèbrent en anglais les bienfaits de la France. Comme toujours, ils insistent sur leur attachement au Pape et ils aiment leur Evêque qu'ils louent justement : « Le merveilleux succès qui marque aujourd'hui l'accroissement de l'Eglise catholique au Togo, malgré de formidables obstacles, est dû, disent-ils, au zèle infatigable de sa direction. »

Il est près de huit heures quand nous atteignons Tsévié. Le village nous apparaît dans un rayon de lumière. Avertis de notre retard, les chrétiens ont improvisé l'illumination des arcs de triomphe et des guirlandes de verdure érigés en notre honneur. Nous remercions notre aimable conducteur et nous prenons part à une véritable procession aux flambeaux que terminera la bénédiction du Saint-Sacrement.

Plusieurs routes convergent à Tsévié. Des marchés animés y ont lieu deux et trois fois par semaine et on estime à plus de quinze cents le nombre des indigènes qui les fréquentent. L'administration a récemment ouvert un dispensaire pour répondre aux besoins de cette agglomération. Au point de vue religieux, la station est donc importante. Les bâtiments de la mission sont vastes mais en médiocre état. Le clocher de l'église endommagé par la foudre en 1922 a été réparé ; il reste à remplacer la charpente que les termites continuent à ronger. L'autel est vraiment pauvre et les cierges reposent sur des chandeliers improvisés. Le Père Rimli qui se partage entre Tsévié et Assahun est un homme doux et énergique. Il soigne les âmes de son district avec les mêmes soins méthodiques que sa plantation d'ananas. Je le vois remettre à Mgr Cessou des feuilles de statistiques.

« C'est l'état du district pendant le mois qui vient de s'écouler, me dit l'Evêque. Chaque Père doit m'envoyer ces feuilles dans la première quinzaine du mois suivant. Je puis ainsi suivre le mouvement général du Vicariat. »

Les chrétiens d'Agbéluhwé n'avaient pas tort de louer chez l'Evêque le « untiring zeal of his supervision. »

Il faut nous hâter le lendemain de rentrer à Lomé. Cependant nous jetons un rapide coup d'œil à la petite station d'Aglatofé où les chrétiens viennent de bâtir une église et une maison pour les catéchistes. Le chef est chrétien, très attaché aux Pères et nous tenons à le féliciter.

Je dis adieu au Père Rimli et nous partons en donnant consigne à l'auto de ne s'arrêter nulle part. Mais les enfants de Togbékofé sont massés sur la route. Impossible d'avancer. Nous les remercions d'un mot et écoutons sans descendre de voiture « la récitation » des élèves du Frère Aimé.

Désormais on passera malgré les rassemblements, malgré les arcs de triomphe d'Agouévé, malgré les salves d'honneur et les cris des enfants. Il y a plus de huit jours que nous roulons de poste en poste et les écoliers de Lomé nous réclament.

CHAPITRE XIII

L'influence française à Lomé

L'enseignement au Togo a été organisé conformément au programme adopté dans l'Afrique Occidentale Française.

A la base, sont les écoles de villages, avec les cours préparatoires et les cours élémentaires de deux années chacun. On se propose, dans les missions, de compléter ces cours par deux ans d'enseignement agricole.

Les écoles régionales ajoutent au cours préparatoire et au cours élémentaire, le cours moyen qui dure trois ans. Un cours complémentaire de deux années prépare au brevet simple. Il n'y a encore pas eu lieu jusqu'ici de s'occuper de l'en-l'enseignement secondaire et de l'enseignement supérieur.

L'étude du français n'a été introduite obligatoirement pour tout le Togo actuel qu'en 1921. Les écoles de la Mission ont été les plus empressées à adopter le programme des études françaises qu'elles ont imposé intégralement à tous leurs élèves dès 1923. De ce fait, 300 élèves allèrent terminer en Gold Coast leurs études anglaises. La Mission a largement reconquis cette perte. Les 47 écoles du Vicariat groupent 3.801 élèves en 1924 contre 3.366 en 1923.

Le succès de ces écoles s'était affirmé sous le régime anglais, et fut souligné par les éloges des

Inspecteurs officiels[1]. Il s'affirme de nouveau aujourd'hui malgré les difficultés qu'éprouve, à modifier ses méthodes, un personnel qui avant hier enseignait l'allemand, hier enseignait l'anglais et aujourd'hui enseigne le français. Le secret n'en est-il pas dans ce dévouement qui fait de l'étude, selon le mot d'un Inspecteur anglais « A work of love instead a school task. » La tâche scolaire est accomplie avec cœur.

Aux examens de 1924, les écoles de la Mission de Lomé obtenaient 26 certificats d'études et 2 certificats d'aptitude. Le Gouvernement récompensa ces succès par une gratification de 4.300 fr. C'est bien, mais on ne peut s'empêcher de penser qu'en régime anglais, avec les « Grants in aid », la Mission aurait reçu plus de 3.000 livres !

Le cours complémentaire compte une vingtaine d'élèves. L'interrogation des enfants et l'examen des cahiers révèlent une moyenne excellente.

Une des difficultés de l'enseignement est l'absence de manuels bien adaptés au pays. Quand on interroge des noirs sur les quatre saisons de l'année, eux qui ne connaissent que la saison sèche et la saison des pluies, on comprend qu'ils soient un

---

1. Rapport de M. l'Inspecteur Wrigt après l'inspection de juillet 1920.

« The progress made in english is surprising. Obviously the subject has been a favourite one with them, and the progress has been so marked only because, as the manager of the school stated, the learning of english has been a work of love instead of a school task. The whole school creates a most favourable impression. The manager and head-teacher as well as his assistants are to be congratulated on the splendid work done by this school since January 1918. »

Le Major Jackson en transmettant à l'Evêque ce rapport le 10 août 1920 y ajoutait ses félicitations pour « avoir porté à un si haut degré le niveau de l'éducation », « to have raised the tone of education to such a high pitch as the report reveals ».

Dahomey : L'église d'Agoué

La chapelle d'Allada

Un chef de canton de la région de Porto-Novo

peu embarrassés. Cette difficulté du reste n'est pas spéciale aux écoles de la Mission et les maîtres s'efforcent d'y remédier en composant eux-mêmes des dictées sur les plantes et les animaux du pays. Le Gouvernement du Togo a édité récemment sur les diverses cultures, une brochure à l'usage des écoles publiques et privées qui sera très utile.

L'enseignement agricole doit avoir en Afrique une place prépondérante. L'avenir économique du pays est en jeu. L'avenir aussi de la civilisation. Il serait désastreux de créer par les écoles une attirance vers les villes. Des noirs à demi éduqués constitueraient rapidement une écume sociale prête pour la maladie et le bolchevisme. Dès maintenant il faut prévoir le danger de la désertion des campagnes.

Dans les villes, l'école professionnelle remédie à la tendance instinctive de l'indigène désireux de se porter vers les carrières diverses d'employés qui exigent moins d'effort que l'exercice d'un métier. Dans les campagnes, l'enseignement agricole seul pourra vaincre la paresse proverbiale du noir.

La séance donnée par les écoliers l'après-midi du jeudi fut en tous points réussie. Chants de circonstance, récitations et scènettes alternèrent, J'eus la surprise d'entendre, en une scène dialoguée, les impressions de mes auditeurs sur la visite d'un prélat de France ; et ces impressions amenèrent. tout naturellement je vous l'assure, une dissertation sur le péché originel et la rédemption.

Que dire à des enfants qui vous offrent des fleurs et ajoutent : « nous vous jurons que si les fleurs de nos jardins se fanent, du moins celles de notre reconnaissance resteront toujours fraîches. » Je remerciai très sincèrement Joseph Emmanuel

Romao et, après quelques mots, je levai la séance aux cris de « Vive le Pape, vive la France, vive le Togo. » Jamais je n'oublierai l'enthousiasme de la foule répétant « vive le Togo. » La petite patrie est aimée : on aurait tort de négliger ce sentiment.

Il restait à visiter l'école des Sœurs. Le rôle des religieuses en Afrique ne peut être comparé à celui des religieuses en France. Elles manqueraient leur but si elles se proposaient de former des pensionnats de petites demoiselles. Elles ont à jouer un rôle de premier plan pour l'apostolat auprès de la femme noire. Aux petites filles, elles apprendront à devenir de bonnes ménagères et à tenir au foyer le rang que réserve à la femme le christianisme.

A Lomé, l'enseignement des Sœurs de Notre-Dame-des-Apôtres comporte, avec l'enseignement élémentaire, l'hygiène générale, la tenue d'une maison, la cuisine, la basse-cour, la culture du jardin, le lessivage, le repassage, la couture et même la broderie.

La réception des élèves prouva que le chant était en honneur. Quant au français, on le sait déjà un peu et on promet de faire mieux : « nous ne savons pas encore beaucoup de français, mais chaque jour, nous ferons des efforts pour mieux apprendre la langue de notre chère France. »

L'amour de la France prend place peu à peu dans le cœur des Togolais. L'école achèvera avec le temps l'œuvre commencée.

Les Pères français ont conquis leur peuple. Ils entretiennent les meilleurs rapports avec les commerçants de Lomé, dont certains occupent une haute situation.

M. Octaviano Olympio est peut-être, parmi les catholiques, le plus représentatif des Togolais.

Son influence est grande sur les milieux indigènes. Il est membre du Conseil d'administration du territoire, membre de la Chambre d'homologation, et membre du Conseil des notables. Nous le trouvons dans sa cour examinant quelques bêtes de choix qu'il a ramenées lui-même d'un voyage en Angleterre : des vaches et des porcs, des poules et des oies. Il veut essayer d'améliorer les races du pays. Des monceaux de coprah s'entassent prêts à l'exportation.

M. Olympio a accueilli l'installation des Pères français au Togo avec froideur. Ami des Pères allemands, il a attendu pour juger leurs successeurs de les voir à l'œuvre. Il a suivi la restauration entreprise en 1920. Il a vu les Missionnaires aux prises avec de multiples difficultés, dépourvus des ressources matérielles que leurs prédécesseurs recevaient avec abondance, mais luttant toujours avec courage et persévérance. Ce dévouement l'a conquis. « Une chose surtout, dit-il, nous a séduit, nous Togolais : votre façon d'être avec l'indigène. On sent que vous vous êtes donnés sans arrière-pensée ; que vous travaillez non pas même pour votre pays mais uniquement pour notre bien à nous. C'est ce qui vous distingue, selon moi, vous Français, et ce qui fait que bien connus, on ne peut pas ne pas s'attacher à vous. »

La journée s'achevait. Nous devions prendre congé du Gouverneur.

« Vous avez parfois, Monseigneur, dis-je en sortant, les mêmes difficultés qu'en France avec l'autorité civile. Mais vous avez pour les aborder une manière coloniale : vous les abordez de front, hardiment. C'est à l'éloge des deux pouvoirs. »

« Ajoutez aussi, me répondit Mgr Cessou, que nous avons notre peuple derrière nous. L'Eglise catholique est une force au Togo. »

CHAPITRE XIV

Les stations de la côte

Les cocoteraies. — Porto Segouro. — Importance commerciale d'Anecho. — Le marché de Vaûgha. — Les scouts
d'Anecho. — Vers le Dahomey.

Hier soir, j'ai assisté à l'Heure Sainte et à
l'Adoration nocturne des hommes. Puisse le
Sacré-Cœur garder longtemps dans cette première
ferveur la communauté chrétienne de Lomé !
Ce fut mon souhait d'adieu. En union avec Montmartre, à la messe du premier vendredi du mois,
j'ai prié à cette intention.

Cette journée sera consacrée aux stations de
la côte en allant vers le Dahomey. La route longe
la mer et traverse de riches cocoteraies.

Le cocotier se plaît excellemment dans cette
région au sol léger et sablonneux, voisine de la mer.
Il pousse bien droit, en allées régulières, chargé
des lourdes grappes de ses gros fruits. Le coprah
est assez facile à préparer. On fend la noix que l'on
fait sécher au soleil. Les plantations actuelles
commencent à atteindre leur plein rendement.
Les exportations se sont élevées en 1923 à plus de
1.000 tonnes représentant une valeur d'un million
de francs.

Les agglomérations, dissimulées à travers les
cocotiers, abritent une population d'agriculteurs
et de pêcheurs. Le premier village important est
Porto-Segouro, ancien port très florissant au
temps du commerce des esclaves.

Les chrétiens guettent notre passage. Les
enfants de chœur ont revêtu des soutanes rouges
dont le reflet éclatant illumine leur teint d'ébène.
Ils ont pris la croix, les chandeliers, l'encens.

Un tout petit porte un bouquet de fleurs plus gros que lui. Ils tiennent à nous souhaiter : « santé, bonheur, prospérité, paix inaltérable et parfaite éternelle félicité. »

Nous nous arrêtons quelques instants malgré notre résolution d'aller directement à Anécho. Au village suivant, à Hounkopé, nous nous laissons encore fléchir. Tous les enfants viennent au-devant de nous, portant à la main une branche de palmier. Ils renouvellent la scène des Rameaux. On ne résiste pas à pareille réception.

Un peu avant dix heures, nous sommes à Anécho, nommé autrefois Petit Popo, ville de 3.000 habitants environ, qui a lutté longtemps avec Lomé pour conserver le premier rang au Togo. Vaincue au point de vue administratif, Anécho pourrait prendre sa revanche au point de vue commercial. Une longue ligne de factoreries se déploie le long de la plage sur plus d'un kilomètre. L'arrière pays possède, le long du Mono, d'abondantes palmeraies. L'établissement d'un chemin de fer qui drainerait les produits de ces régions fécondes, donnerait à Anécho une grande vitalité.

L'Administrateur-adjoint, M. Junquet, nous prend dans son auto pour nous faire visiter ce matin Togoville et Vaughâ.

Le grand chef des féticheurs de la côte réside à Togoville. Il étend son influence jusqu'à Quittah. Tout un quartier du village est occupé par le collège des féticheurs et féticheuses. Jeunes gens et jeunes filles, que l'on distingue à leur pagne et à leur collier blancs, sont initiés aux rites et à la langue sacrée. Le catholicisme s'infiltre néanmoins. L'école de la Mission compte 150 enfants.

« Le fétichisme ne résistera pas à l'instruction, » me disat Mgr Cessou.

A Vaùgha, le marché bat son plein, un marché important comme jamais encore je n'en avais rencontré. Il y a le quartier de l'alimentation. Le poisson séché dégage une odeur qui prend à la gorge l'Européen et met en appétit l'indigène. Les vendeuses sont accroupies devant trois petits tas de quatre morceaux de sucre superposés comme des dominos ; devant quelques piments dispersés dans une immense feuille de bananier ; devant des boulettes de beurre pétries de leurs mains ; devant des galettes de maïs ou des boulettes soufflées d'igname. Il y a le quartier des fruits, bananes, mangues, papayes, ananas. Il y a le quartier des calebasses de toutes formes et de toutes tailles ; des courges énormes et des courges gracieuses au col allongé ; des corbeilles de vannerie et des nattes artistement tressées. Il y a le quartier des étoffes, des toiles de Manchester, des pagnes multicolores que les tailleurs vous coupent et confectionnent sur mesure en un clin d'œil. Il y a le quartier de la ferronnerie avec des serrures indigènes curieuses et primitives, des coutelas et des coupe-coupe, et surtout les multiples bâtons et clochettes des féticheurs. Il y a le quartier de la joaillerie où longuement s'arrêtent les femmes devant l'éclat des fausses perles, des colliers et des bijoux.

La foule va et vient, se croise et s'entre-croise à travers ce bazar extraordinaire. J'ai plaisir à baguenauder, à examiner les vendeurs et les acheteurs non moins que les objets. L'activité du marché n'en est pas troublée.

Mais pendant que je m'attarde, le catéchiste a réuni ses chrétiens et la procession vient nous arracher à notre curiosité.

A l'église, je ne fus pas peu surpris d'entendre exécuter un « *Tu es Petrus* » en parties qui dénotait une chorale fort bien exercée. Nous complimentons et encourageons ces braves chrétiens et nous les laissons retourner très vite au marché.

M. Junquet nous conduit chez le grand chef du canton. Il est baptisé et serait excellent catholique s'il n'avait pris une seconde femme, la première ne lui ayant pas donné de garçon. Lui aussi disait aux Missionnaires à propos du mariage : « Père, vois-tu, tu veux que nous pratiquions de suite l'Evangile. C'est trop dur pour nous. Il faut nous faire passer par l'Ancien Testament. »

Nous sommes de retour à la Mission pour le déjeuner. La résidence des Pères est nouvellement réparée avec une vérandah en ciment du côté de la mer. « J'ai dû faire d'urgence cette réparation, me dit Mgr Cessou. La proximité de la mer rend l'entretien des bâtiments difficile et coûteux. Le carton bitumé ne tient pas sur les toitures. Je serai obligé de faire couvrir l'église en tuiles. » L'intérieur de l'église est d'ailleurs fort coquettement aménagé.

Les élèves de l'école des Sœurs de Notre-Dame-des-Apôtres nous ont aperçus et sortent avec empressement pour crier, toutes ensemble à pleine voix et en frappant des mains : « Bonjour Messeigneurs. »

Nous retrouvons ces enfants et leurs vaillantes maîtresses à la réunion générale de la communauté chrétienne. Les honneurs de la fête sont cependant réservés aux garçons. Tous les yeux sont fixés sur une dizaine d'entre eux vêtus d'un complet kaki, qui s'avancent d'un pas cadencé, le feutre sur la tête, le bâton sur l'épaule.

Des scouts à Anécho ! Oui, des scouts affiliés par le Père Chazal aux scouts catholiques de France. Ils savent les chants du scout et s'ils hésitent un peu pour en réciter la Loi, ils n'hésitent jamais pour la pratiquer. Je leur promets de rendre compte de ce que j'ai vu à leur aumônier général.

« Quand vous serez de retour chez vos « Blancs », m'était-il dit dans l'adresse des enfants, vous leur direz que nous ne sommes plus des sauvages et que nous les aimons bien parce qu'ils nous aiment aussi. »

Certes, chers petits, je le dirai à « mes blancs » que vous n'êtes plus des sauvages. « Qu'y a t-il dans ces âmes que les Missionnaires traitent comme des âmes royales ? » se demandait Maurice Barrès devant les enfants des écoles chrétiennes d'Orient. Nous ne prétendons pas percer le mystère de vos grands yeux récemment ouverts à la lumière de la foi. Mais nous savons que le baptême a déposé en vous la grâce vivifiante du Christ qui partout transforme la pauvre humanité.

Les chants retentissaient encore lorsque Mgr Steinmetz arriva. Nous sommes au poste frontière. Je termine ma tournée au Togo. Mgr Cessou me remet littéralement entre les bras du vénérable Vicaire Apostolique du Dahomey. Désormais, je serai son hôte.

Ce soir, nous coucherons à Agoué, en terre dahoméenne.

DEUXIÈME PARTIE
A travers le Dahomey

CHAPITRE XV

La France au Dahomey

Le fort de Juda. — Les rois d'Abomey. — Les premiers
Missionnaires. — La guerre avec Behanzin. — Le rôle du
Père Dorgère. — Mgr Steinmetz. — Importance du
Dahomey. — La Mission Gradis.

L'établissement de la France à Ouidah remonte
au siècle de Louis XIV. Colbert attentif à l'expan-
sion du royaume au dehors, donnait ordre, en
1670, de construire sur le Golfe de Guinée le fort
de Juda. Ce fort avait pour but de protéger,
dans leur trafic, les commerçants de la « Compa-
pagnie des Indes Occidentales. » Vers le même
temps, les Anglais et les Portugais suivirent
l'exemple de la France. Les premiers se sont
retirés mais le drapeau du Portugal flotte encore
sur le vieux fortin d'autrefois. Jusqu'au milieu du
siècle dernier la France se préoccupait fort peu
de son établissement sur la côte de Guinée.

Ouidah faisait alors partie du royaume de Savi,
l'un des multiples royaumes qui se partageaient
le territoire actuel de la colonie. Il y avait au-delà
du Couffo, Grand-Popo et le pays des Adjas ;
au centre, le pays des Ardres, le berceau de la
dynastie dahoméenne ; au-delà de l'Ouémé, le
royaume de Hagbonou l'actuel Porto-Novo ;

au nord de celui-ci, le royaume de Ketou et de Savé limités à l'est par le pays des Nagots ; à l'ouest du royaume de Savé, le pays Mahi et en revenant au centre entre l'Ouémé et le Couffo, le royaume d'Abomey.

Les rois d'Abomey ne cessèrent depuis le xviie siècle de lutter avec leurs voisins pour étendre leur puissance. La légende mythique fait descendre leur famille de la Panthère, « Agasou » dont les griffes étaient tatouées sur leur visage par cinq incisions aux tempes et sur le milieu du front. Aujourd'hui encore les indigènes qui tuent une panthère en font de suite disparaître les griffes, au désespoir des amateurs de belle fourrure[1].

L'histoire du royaume a pu être établie à peu près depuis l'an 1610. Les fils de Kokpon, roi d'Allada au pays des Ardres, se disputèrent la succession de leur père. L'un resta à Allada ; l'autre se dirigea vers Hogbonou ; le troisième vers Abomey. Ce dernier tua le prince de cette ville et roula dans une jarre le corps de son ennemi. Il commémora cet évènement dans ses armoiries : une jarre avec cette devise : Dako tue et la jarre roule. Ses successeurs gardèrent ces mœurs farouches et conquérantes. La Panthère ne cessa de donner des coups de griffes à l'est, à l'ouest et au sud. Le royaume de Dauma, signalé déjà au xvie siècle par Léon l'Africain, développa son empire sous ses nouveaux maîtres. Leur devise ne manquait pas de fierté : « Rendre le Dahomey toujours plus grand. » Ils se montrèrent non seulement conquérants mais organisateurs. Ils donnèrent au pays une administration fortement

---

1. Dites aussi, m'ajoutait Mgr Steinmetz, qu'ils les font disparaître parce qu'ils espèrent en tirer profit. Les griffes de la Panthère sont un « porte-bonheur » recherché qui se vend un bon prix.

hiérarchisée avec des embryons de services financiers et judiciaires. Ils entretenaient une armée permanente qui les rendait redoutables à tous leurs voisins. Leurs victoires assuraient le recrutement des esclaves qu'ils vendaient à la côte ou immolaient dans leurs fêtes.

En 1851, la France conclut avec Ghezo un traité de commerce et d'amitié. Peu après, elle réglait avec Glé-Glé, son fils, la cession du territoire de Cotonou. Mais en même temps, elle accordait sa protection au roi de Porto-Novo qui redoutait le « lionceau » d'Abomey.

L'arrogance de Glé-Glé, puis de son fils Behanzin, le « requin audacieux, » les crimes sanglants dont ils se faisaient gloire, obligèrent la France à intervenir par les armes pour assurer la paix et la liberté à ceux qu'ils opprimaient.

Depuis 1860, les Pères des Missions Africaines de Lyon travaillaient à l'évangélisation de la côte. Le fondateur de la Congrégation, Mgr de Marion Brésillac, venait de trouver la mort avec ses premiers disciples sur la côte de Sierra Leone. Cette épreuve ne ralentit pas le zèle du groupe naissant. Le Père Borghero s'installe à Ouidah avec quelques Missionnaires. Il traite d'égal à égal avec le potentat d'Abomey qui n'ose encore s'attaquer à un Français. L'apôtre a toutes les audaces. Certaines pages de sa vie rappellent les récits de la Légende dorée. Telle sa réception au palais royal où il arrive, revêtu de ses ornements sacerdotaux, escorté de ses enfants de chœur et s'avance, la croix en mains, tandis que toutes les idoles ont été voilées sur son passage. Quelques années plus tard, la cruauté et la fourberie de Behanzin déclanchent la guerre. Le Père Dorgère et tous les Français de Ouidah, au nombre d'une dizaine, sont traînés vers le palais, chargés de chaînes, le carcan au cou, et livrés, comme prisonniers, à la merci du bourreau. Après un mois de captivité, du 27 février au 20 mars 1890, Behanzin relâchait ses otages en échange des prisonniers capturés par les Français. Pour terminer l'affaire, l'Amiral de Cuverville était envoyé avec ordre de conclure un arrangement avec Behanzin. « Aucun succès, portaient les instructions du Ministère, ne saurait vous faire plus d'honneur que la clôture par voie transactionnelle de l'incident du Dahomey. » Auprès de Behanzin comme auprès d'Abd el Krim, au Dahomey comme au Maroc, le Gouvernement, avant de se résigner à la guerre, épuisait toutes les tentatives de conciliations. L'Amiral avait besoin d'un ambassadeur au courant des mœurs du pays. Il fit appel au patriotisme du Père Dorgère. A peine remis des tortures subies quelques mois auparavant, le Missionnaire n'hésite pas à s'engager, pour son pays, dans une négociation où il risque sa tête. Il réussit après de longs pourparlers à conclure la convention du 3 octobre 1890 qui sanctionnait notre protection sur Porto-Novo et reconnaissait nos droits sur Cotonou moyennant une rente annuelle de 20.000 fr. au roi d'Abomey. La croix de la Légion d'Honneur récompensa le vaillant Missionnaire.

Mais Behanzin n'avait traité que pour se ravitailler en armes et en munitions. Les armes seules pourront le réduire. Les expéditions de 1892 et 1893 seront nécessaires pour « casser le royaume. » L'honneur en reviendra au général Dodds.

A cette époque arrivait à Ouidah un jeune prêtre originaire du diocèse de Strasbourg. Il avait quitté l'Alsace, après les revers, pour servir la France comme missionnaire. Il a pris part à la réception enthousiaste que Ouidah fit au général Dodds revenant en mars 1893, vainqueur de Behanzin. Tous les indigènes de la côte, d'Agoué à Porto-Novo, opprimés par les rois d'Abomey, acclamaient, en la personne du général, la France libératrice. Le Père avait alors 26 ans à peine. Il en a 58 aujourd'hui et il n'a cessé de travailler pour pacifier le Dahomey et conquérir le cœur des indigènes à l'Eglise et à la France. Nommé en 1906 Vicaire Apostolique, Mgr Steinmetz a pris depuis lors la direction de la conquête religieuse. Pendant ses dix-neuf ans d'épiscopat, il a connu les huit Gouverneurs qui se sont succédés depuis le premier M. Ballot, jusqu'à M. Fourn actuellement régnant à Porto-Novo. Il a suivi les tâtonnements des débuts et l'essor de la colonie. Il a secondé toujours de sa haute autorité morale tous les efforts utiles du Gouvernement.

La colonie a pris aujourd'hui une nouvelle importance. La conquête pacifique a doublé la conquête militaire. Les Missions Decœur, Toutée, Bretonnet, ont étendu vers le nord jusqu'à la Haute Volta l'influence française. Les traités de 1897 et 1898 avec l'Allemagne et l'Angleterre ont délimité les frontières de la Nigeria à l'est et du Togo à l'ouest. La colonie se trouve située entre le 0° 41' de longitude ouest et le 0° 26' de longitude est et s'étend du 6° 22' au 12° de latitude nord.

Sa superficie de 107.000 kilomètres carrés semble insignifiante à côté des vastes territoires nigériens. Mais le pays est riche et a par lui-même une valeur considérable, en dehors de son rôle nécessaire comme voie de pénétration de notre empire Soudanais.

Peuplé de près d'un million et demi d'habitants, le Dahomey est habité par trois groupements ethniques principaux, subdivisés en une multitude de tribus. Les Fons ou Dahoméens au sud ; les Nagots ou Yoroubas au centre et à l'est ; les Baribas, Sombas, Gourmantchés au nord. Ces derniers récemment apprivoisés commencent seulement à contribuer au mouvement économique du pays. Les deux premières races sont plus civilisées. Très évoluée sur la côte, la population, intelligente, active et laborieuse sait mettre en valeur la richesse du sol. L'administration et le commerce trouvent, parmi ces indigènes, des agents qui s'adaptent avec beaucoup de souplesse à nos méthodes administratives ou commerciales.

J'étais encore au Togo lorsque la Mission Gradis, ayant à sa tête le Maréchal Franchet d'Espérey, atteignait Savé le 3 décembre. Partie de Colomb-Béchar le 15 novembre, elle a assuré pour la première fois la liaison des chemins de fer Algérien et Dahoméen. En 18 jours, elle a parcouru 3.600 kilomètres à travers le grand Sahara son désert de pierre, de sable, son Tanezrouf, à travers la brousse du Soudan, le territoire du Niger et le Dahomey.

Ce raid a établi la possibilité de relier à l'Algérie l'extrémité est de notre Afrique Occidentale Française. Avec l'auto, l'avion, la T. S. F. nos colonies ne sont plus des points isolés dans l'immense Afrique. Elles font bloc avec la Mère Patrie.

Quant au Missionnaire, il ne peut rester indifférent à ces voies de pénétration qui se créent et qui lui imposent pour l'apostolat le devoir d'aller plus avant.

Façade principale, vis-a-vis le temple des serpents

Intérieur de la Cathédrale

Le temple des serpents

CHAPITRE XVI

La région du Mono

Agoué : Les anciens esclaves. — La réception des chrétiens. —
Les Minas de Grand Popo. — La conversion des Sahoués
— Les cloches de Segboroué. — L'arrivée à Ouidah

La petite ville d'Agoué, où nous sommes
arrivés au soir du 5 décembre, est bâtie entre la
lagune et la mer, sur une langue de terre qui
n'a pas 2.000 mètres de largeur, à l'est d'Anécho.
Peu distante de cette ville, elle aurait été fondée,
en 1821, à la suite d'une révolte de quelques chefs
et d'une scission parmi les tribus.

Au cours du xixe siècle la côte du Dahomey a
été longtemps appelée la côte des Esclaves. Les
marchands embarquaient à loisir, dans les ports
retirés du golfe de Guinée, le bétail humain dont
les roitelets nègres les fournissaient avec abondance.
La ville d'Agoué était un de leurs séjours favoris
et elle a connu, au temps de l'odieux trafic, une
prospérité qui décline. Un certain nombre d'anciens esclaves libérés s'y fixèrent à leur retour
du Brésil. Ils vivent misérablement comme cette
pauvre vieille, toute courbée par l'âge, que je
vis venir à la Mission solliciter un secours.

Les origines religieuses de la ville se rattachent
au retour de ces anciens esclaves. Dès 1835, une
chrétienne aurait construit une chapelle qu'un
incendie détruisit. Dix ans plus tard, un créole
Brésilien, Joaquin d'Almeida, en éleva une nouvelle sous le vocable « Senhor Bom Jesus da
Redempçao », « Jésus tombant sous sa Croix »
en souvenir d'une église de Bahia dont il arrivait.

Lorsque les Pères des Missions Africaines de
Lyon s'établirent à Agoué en 1874, ils trouvèrent

donc quelques baptisés et même un maître d'école brésilien qui enseignait les éléments du catéchisme. La foi de ces anciens esclaves était très superficielle. « J'étais esclave quand je fus baptisé, disait l'un d'eux ; j'étais au pouvoir de mon maître ; mon maître voulut que je fusse baptisé, je me laissai faire. »

Les races d'esclaves manquent de dignité et d'énergie. Elles conservent les tendances ancestrales à la paresse, au mensonge, au plaisir brutal et au vol. Le terrain n'est pas favorable à l'éclosion des vertus évangéliques.

Les résultats obtenus à Agoué sont cependant consolants. Une église de pierre dont la tour carrée domine les arbres du rivage a remplacé la chapelle primitive. La résidence des Pères garde le cimetière où reposent, hélas trop nombreux, les premiers Missionnaires décimés par ce climat meurtrier que l'hygiène moderne rend aujourd'hui un peu moins redoutable.

L'école des garçons reçoit 160 élèves ; celle des Sœurs 126 et 57 internes. Les chères Sœurs me comblent de « gerbes de remerciements. » Je m'empresse de les leur retourner, à elles qui savent entourer le voyageur d'attentions discrètes et prévenantes.

La communauté chrétienne, nombreuse, près d'un millier, — l'église débordait à la messe de communion, — se réunit dans la grande cour ombragée de la Mission où la brise de mer vient par instant donner l'illusion d'un peu de fraîcheur.

Je cite en entier le compliment des enfants écrit sur un papier artistement dentelé et orné de beaux dessins au pastel. J'ai aimé l'expression naïve de leurs sentiments.

« Monseigneur,

« Dimanche dernier, on nous a dit qu'un prélat de France venait à Agoué. Nous avons été surpris et bien contents. C'est la première fois que cela arrive. Merci, Monseigneur, pour toutes les fatigues de votre long voyage. Notre pays n'est pas mauvais pour les Blancs. Vous aurez un casque contre le soleil, une moustiquaire contre les moustiques, du vin contre l'eau. Vous n'aurez pas la fièvre.

Les Noirs ne sont pas méchants comme autrefois. Les Pères nous ont apporté Notre-Seigneur Jésus-Christ. Chaque jour le nombre des démons diminue ; ils partent vers l'Océan glacial du Sud. Nous avons la peau noire, mais l'âme est blanche.

On nous a dit que c'est vous qui donnez aux Missions les jolis habits de l'autel et de la messe. C'est beau ce que vous faites là ! c'est très beau ! Que Dieu vous récompense. A nous autres Noirs il ne faut qu'un pagne. A l'autel et au prêtre de Jésus ressuscité et monté au Ciel, il faut des habits jolis. Quand les féticheurs font leurs fêtes, ils ont des habits vilains. Quand les prêtres font des fêtes, tout est propre et beau. Cela fait aimer Dieu. Monseigneur, à votre retour en France, veuillez dire aux chrétiens qui vous aident dans votre travail que nous sommes bien contents, que nous les aimons bien et que nous prions pour eux. »

L'action de l'Œuvre Apostolique était bien comprise. Mgr Steinmetz tient à dire que les chrétiennes d'Agoué apportent, elles aussi, au culte divin leur concours. Elles ne brodent pas de beaux ornements : mais elles balayent l'église et la décorent les jours de fête. Les vieilles se drapent avec dignité ; ce compliment leur va au cœur.

Nous reprenons l'auto pour aller à Grand-Popo. La voiture est un peu lourde, le moteur un peu essoufflé, mais le conducteur imperturbable. « Pas si vite, Paul... avance donc maintenant... ». — « Oui, Monseigneur » répond Paul à toutes les observations. La voiture va cahin caha. Heureusement Paul a la main ferme et avec lui nous voyagerons en toute sûreté.

A Grand-Popo, toute une flotille de pirogues légères, creusées dans des troncs d'arbre, sillonnent la lagune au confluent du Mono et transportent passagers et marchandises. Les pagayeurs gonflent les muscles de leur poitrine et tendent leurs bras vigoureux. Les Minas de la zone côtière, gaillards solidement bâtis, sont réputés pour leur force et leur habileté comme pagayeurs et passeurs de barre. D'un naturel paresseux. ils sont lents à se mettre au travail. Mais quand ils veulent s'en donner la peine, ils savent abattre rapidement la besogne. On les a appelé les « Kroumen » du Dahomey. Les femmes Minas allègent la carrure de la race par une certaine grâce et une certaine élégance. L'art de la coiffure et de la parure tient non moins de place dans leur vie que dans celle des plus mondaines parisiennes.

L'activité commerciale est grande dans la ville. Mgr Cessou rencontre plusieurs Togolais venus pour traiter leurs affaires. Les relations sont faciles entre les deux colonies. Les populations de la côte ont une commune origine et se livrent, des deux côtés du Mono, à la culture des palmeraies. Les barrières douanières qui subsistent encore maintiennent l'émulation commerciale. Mais, gouvernés par la France, les deux pays ne peuvent manquer dans l'avenir de s'entraider « comme le mil et le haricot dans le même champ », pour employer la comparaison du proverbe africain.

Le progrès religieux s'affirme à Grand-Popo par les agrandissements que l'on a effectués à l'église. Les salles d'écoles sont elles-mêmes insuffisantes. Chez les filles, une jeune maîtresse noire, experte dans les travaux de couture, gouverne

Le Séminaire Sainte-Jeanne-d'Arc

Mgr Steinmetz, Mgr Cessou, Mgr Boucher, les professeurs et les séminaristes
(18 décembre 1924)

LE CATÉCHISTE HOSPICE
DANS LES RUINES DU PALAIS DE BÉHANZIN

LES SŒURS DE NOTRE-DAME DES APÔTRES A OUIDAH

fort bien sa classe. Il est intéressant de recruter ainsi des auxiliaires indigènes. L'Administration n'hésite pas à le faire. Le Directeur de l'école régionale de la ville est un ancien élève des Pères qui me haranguera tout à l'heure au nom du comité catholique.

La chaleur devient accablante. La cuisine pimentée des Popos secoue notre torpeur. Nous partons pour Ouidah malgré le soleil.

L'auto traverse la lagune sur un bac. Le Père Supérieur nous a précédés au village d'Adjaha, station secondaire récemment ouverte où les catéchumènes sont déjà nombreux. Les chefs nous offrent un vin d'honneur du meilleur crû local. La sève du palmier dattier le fournit en abondance. Nous le déclarons délicieux.

Mgr Steinmetz m'entretient des espoirs que lui donne toute cette région du Bas Mono et, plus au nord, le pays des Sahoués, groupe important de 20.000 hommes, descendants des Adjas. Ils occupent entre les deux fleuves, le Mono et le Couffo, un plateau qui, d'après les traditions, aurait été le berceau des principales races du Dahomey. D'un caractère fier et indépendant, les Sahoués eurent le tort d'écouter des instigateurs ennemis : ils se soulevèrent en 1918 contre les Français. La révolte dura six mois et fut sérieuse. L'Administrateur d'Athiémé et plusieurs blancs y trouvèrent la mort. Le manque d'eau et l'épuisement des munitions, plus encore que les revers, obligèrent les rebelles à capituler. La sagesse du gouverneur acheva la pacification. Le Père Parisot, alors Supérieur d'Athiémé, s'employa de son mieux à l'apaisement des esprits. Il s'efforça d'apprivoiser la jeunesse et réussit à s'attacher des fils de chefs influents. Ainsi il fit aimer la Mission. Lorsqu'il fut nommé Supérieur du Séminaire, il n'abandonna pas son œuvre et eut l'idée d'associer, pendant les vacances, les séminaristes à son apostolat. Le succès a couronné ses efforts. Les fondations se multiplient. Le nombre des catéchumènes ne cesse de s'accroître. Les Sahoués ont des mœurs rudes mais saines et leurs qualités naturelles facilitent la diffusion de l'Evangile.

Nous atteignions les rives du lac Ahémé dont les eaux poissonneuses retiennent toute une population de pêcheurs. La traversée durera une heure d'Agatogbo à Segboroué. Les rayons flamboyants du soleil viennent éteindre leurs feux dans les eaux paisibles. L'auto avance avec le bac poussé par les pagaies des rameurs dont les chants monotones rythment les coups réguliers. Comment Paul, notre impassible conducteur, a-t-il réussi à hisser sa voiture sur le bac, comment a-t-il réussi à la descendre au débarcadère de Segboroué sans la laisser s'enliser dans le sable fin ? Mystère de l'habileté du noir qui ne doute de rien et a une sûreté de main vraiment extraordinaire.

Segboroué tire son importance de l'embranchement du chemin de fer du Dahomey qui relie par Ouidah le lac Ahémé à Cotonou. L'église de la Mission, desservie par les Pères de Ouidah, s'élève sur le plateau qui domine le lac. Nous gravissons lentement la pente, conduit par Alexandre, le doyen des catéchistes du Dahomey. Alexandre est un vieillard encore vert, à la physionomie intelligente et grave. Il a connu les luttes héroïques de la conquête française. Il était parmi les prisonniers de Behanzin que les Français ont délivrés. Les Pères l'ont instruit et il a consacré sa vie à l'apostolat. Toujours il a donné l'exemple, conservant au milieu des deuils et des épreuves dont il a été frappé, la plus parfaite résignation à la volonté de Dieu. Il peut être cité en modèle. Les chrétiens lui sont très attachés.

Nous les félicitons de l'église qu'ils viennent de construire et de la belle cloche qu'ils viennent d'acheter. Mais le clocher n'est pas achevé et la cloche silencieuse ne peut encore jeter dans l'azur les carillons que les eaux du lac répercuteront au loin.

La liturgie catholique dans ses prières pour consacrer la cloche au service divin, marque admirablement son rôle dans la chrétienté. En Afrique, comme dans nos villages de France, elle est la voix de l'idéal qui soulève les âmes, les appelle à la prière, se mêle à leurs joies et à leurs tristesses. Aussi dès qu'un poste est fondé, les catéchumènes, pour en obtenir une, s'imposent des sacrifices. Ils n'ambitionnent pas un bourdon de cathédrale ; ils ambitionnent une simple petite cloche de 20 à 25 kilos dont le son argentin s'imposera à l'attention des païens. Mais le **bronze** est cher et leurs ressources modestes. Parfois l'Evêque consent un prêt d'honneur et avance l'argent qu'ils rembourseront plus tard.

« Avec cinq ou six cloches comme fonds de roulement, me dit Mgr Steinmetz, j'arriverai à pourvoir aux besoins des stations nouvelles. Je voudrais bien, pour les doter, découvrir en France de généreuses marraines. »

Sonnez joyeusement, petites cloches d'Afrique ! Convoquez à la prière ceux que le tam tam convoquait hier aux orgies grossières et sensuelles.

Bientôt Ouidah apparaît comme couvert d'une pluie d'étoiles. Des centaines de feux illuminent la cathédrale. Des papayes coupées, creusées et remplies d'huile de palme fournissent les lampes que les chrétiens entretiennent depuis huit jours pour fêter l'Immaculée Conception !

CHAPITRE XVII

Fétichisme et Catholicisme

Le Temple des Serpents. — Le culte des Mânes et le culte
des Esprits. — Totémisme, Fétichisme et Sorcellerie. —
« Mahou » l'Etre suprême. — Le progrès du catholicisme. —
La vie chrétienne à Ouidah. — L'exemple de l'Œuvre
Apostolique.

La Mission Gradis nous avait devancés à
Ouidah. Je regrettai vivement que la coïncidence
de mon arrivée ait empêché Mgr Steinmetz
d'être dans sa ville épiscopale pour recevoir le
Maréchal Franchet d'Espérey. Celui-ci voulut
bien faire dire qu'il assisterait le lendemain
dimanche à la messe de six heures avant de repartir
pour Porto-Novo. Il prit place sur un prie-Dieu
dans le chœur à la messe que je célébrai. Cette
présence ne passa pas inaperçue à Ouidah. Aussitôt
après, Mgr Steinmetz accompagna, aux divers
établissements de la Mission, le Maréchal dont
la haute bienveillance fut un réconfort pour les
Pères, les Religieuses et tous les chrétiens indigènes.

Il était normal que Mgr Steinmetz fît les honneurs
de la Mission. On ne s'attendait guère à ce qu'il
puisse s'offrir comme un guide autorisé pour
la visite du Temple des Serpents. N'entre pas
qui veut dans ce Temple fameux ! M. de Kérillis,
l'historiographe de la Mission Gradis, y pénétra
sous l'égide de l'Evêque « l'ami » du grand féticheur. Il a noté avec esprit, dans son journal de
route [1], le spectacle peu banal d'une féticheuse
de Dangbé, portant à son cou le serpent familier,

1. Henri de Kérilis : *De l'Algérie au Dahomey en automobile*,
1 vol. in-8° avec une carte et 65 illustrations hors texte. — Librairie Plon. Paris, 1925.

entourée de trois prélats, Mgr Steinmetz, Mgr Cessou et moi-même, et photographiée avec eux dans ce Temple par un journaliste de l'*Echo de Paris* !

L'architecture de ce Temple célèbre, déjà mentionné par Buffon, est simple. Une palissade de terre entoure une série de huttes recouvertes d'un toit conique en paille. Les Ficus et les Bombax séculaires jettent sur cette pauvreté la splendeur de leur feuillage.

Les serpents vivent en liberté dans la paille des toits ou sur les branches des arbres. Classé parmi les génies bienfaisants, le Dangbé est un python de moyenne grandeur tout à fait inoffensif. Le tuer serait un crime qui attirerait la colère des dieux. Il mérite d'être comblé de présents et les fidèles lui offrent les dons les plus variés : moutons, cabris, pains de mil, fruits, farine, anneaux d'or. Le serpent n'en a cure, mais ces offrandes permettent aux féticheurs de vivre.

Le culte de Dangbé est spécial au royaume de Savi. Les totems et les fétiches varient avec les tribus et les familles. L'unité de culte n'a jamais existé au Dahomey. Chacun est libre de choisir son protecteur et d'en changer quand il lui plaît. On honorera tour à tour le Tonnerre, la Mer, le Lion, le Serpent, le Rocco, la Panthère, suivant les besoins et les circonstances. Personne ne se formalisera de ces variations qui s'expliquent : les pouvoirs d'un fétiche sont limités et sa puissance n'est pas absolue. Aussi les divers collèges de féticheurs vivent en paix et se soutiennent les uns les autres.

On aurait tort de réduire le fétichisme à une stupide idolâtrie. Une philosophie religieuse se dégage des rites et des coutumes. Elle implique nettement au Dahomey la croyance à la survivance des mânes et à l'existence des esprits.

Le culte des morts, des *Koutito*, joue un grand rôle dans la religion dahoméenne. L'esprit de l'homme ne meurt pas. Les mânes désincarnés survivent. Il faut les apaiser. Les libations, les offrandes, les oblations de nourriture, les *Asen* objets de fer que l'on fixe sur la tombe, ont pour but de satisfaire les esprits. S'il s'agit des mânes royales, des *Tohosou*, les sacrifices humains leur assureront dans l'autre monde les femmes et les esclaves dont ils ont besoin.

La survie est-elle indéfinie ? La fête des coutumes le laisserait croire qui se célèbre en l'honneur de tous les rois, même les plus anciens. Mais le noir ne se pose pas la question comme nous. « La mort est comme la lune, dit-il, qui en a vu l'envers ? » Il sait seulement que les mânes reviennent et qu'il doit s'assurer leur bienveillance.

Au-dessus des mânes, sur un plan différent, sont les *Vodoun* les fétiches. Ce sont des esprits supérieurs qui ont sur les évènements de notre vie une puissance redoutable. Les uns sont tutélaires : l'Amour, la Mer, *Hou*, le Rocco, la Pluie, l'Arc en ciel. Les autres malfaisants : le Tonnerre, *Hebyosô*; la Variole, *Sakpata*, un des plus redoutés car du toucher de son bâton le féticheur peut inoculer le virus; le *Legba*, l'esprit du mal dont l'horrible et grossière statue s'étale encore à l'entrée des villes et des villages.

Le Totémisme se rattache à l'une ou à l'autre de ces catégories. Le Totem, c'est l'esprit avec lequel une famille ou une tribu a fait alliance, esprit qui vit soit dans une plante soit dans un animal, dangereux comme *Agasou* la Panthère, *Hasa* le Lion, ou bienfaisant comme *Dangbé* le Serpent. Le Totémisme n'est pas l'origine du sentiment religieux : il suppose la croyance aux esprits. « Pour faire alliance avec un être invisible, remarque Mgr Le Roy, il faut croire qu'il existe : on ne s'allie pas avec le néant. »

L'animal, la plante, la statue, le bâton ne sont donc que des instruments visibles des esprits. Les *Vodounnou*, les hommes consacrés aux fétiches et initiés à leurs mystères, ont appris à entrer en relations avec eux, à les capter par certaines cérémonies et à faire passer leurs vertus particulières dans les figures qui les représentent. Ainsi le fétichisme rejoint la Magie et la Sorcellerie.

Le sorcier, *Bokônon*, se distingue habituellement du féticheur et occupe dans la tribu un rang inférieur. Mais il est peut-être plus redouté encore. Il interroge le destin, *Fâ*, transmet ses oracles et connaît l'avenir. Il fabrique des amulettes, des talismans, des maléfices par où il prétend mettre les esprits au service de ses clients, donner à son gré la maladie ou la santé, obtenir une faveur, assurer une vengeance. Que le diable intervienne parfois, cela n'est pas surprenant. On retrouverait en Afrique, avec quelques nuances, toutes les pratiques de la magie noire ou blanche que le spiritisme tend à ressusciter de nos jours.

Mais il y a un esprit sur lequel la magie n'a aucune prise. Il domine tous les autres. Il n'en est pas le chef en ce sens qu'il ne s'occupe pas de les diriger. Il est au-dessus d'eux, sur un plan supérieur. C'est *Mahou*, l'Etre suprême, le Dieu créateur de l'univers. Aucune statue, aucune forme matérielle ne peut le représenter. Il n'est ni honoré ni blasphémé. Il reste indifférent à ce qui se passe dans ce monde inférieur, et il est inutile de le prier. A peine si le Dahoméen pro-

Les onze sièges des rois Dahoméens

Les vieilles Amazones fabriquant des poteries

nonce son nom dans quelques rares exclamations ou invocations solennelles.

Le Dahoméen a donc un sentiment religieux très profond. Sentiment de dépendance vis à vis des forces mystérieuses, et vis à vis de l'Etre suprême. Il croit en cet Etre suprême, en la survie de l'âme, en la vertu du sacrifice pour la purification des fautes. Mais de grossières erreurs se sont mêlées à ces sentiments primitifs et les ont fait dévier. L'immoralité s'est introduite dans les fêtes et les danses. Les féticheurs forment une caste fermée, puissamment organisée. Ils ont des collèges d'initiation pour les clercs où s'apprend la langue du fétiche et où se transmettent les secrets magiques. Pour assurer leur autorité, ils n'hésitent pas à jouer de la crédulité du peuple et ils savent manier le poison avec dextérité.

Le catholicisme a trouvé dans l'âme dahoméenne des pierres d'attente. Mais il sera long de les débarrasser du fatras de superstitions qui les recouvrent. Le travail est commencé depuis quelque soixante ans ; la besogne n'ést pas achevée.

Le Vicariat du Dahomey comprend outre le territoire de la colonie une partie du territoire français du Niger et une partie de la Haute Volta. Il s'étend jusqu'au 14° degré de latitude nord. Pour évangéliser ce vaste domaine, l'Evêque ne dispose que de 25 prêtres aidés d'une centaine de catéchistes. La prédication n'a pas dépassé le cercle de Savalou et l'action des Missionnaires suffit à peine aux 97 stations actuellement fondées qui comptent environ 25.000 catholiques. Le chiffre est faible numériquement. Il représente une force dynamique considérable. Les chrétiens sont parmi les plus cultivés, les plus instruits, les plus influents. Ils rayonnent autour d'eux et dans les cercles du sud, l'atmosphère chrétienne enveloppe les païens eux-mêmes.

A Ouidah, comme dans les grands centres du Togo, comme à Porto-Novo, je retrouve toutes les œuvres habituelles d'une paroisse organisée. Une Conférence de Saint Vincent de Paul m'est présentée par son président. Ses membres visitent les malades et font le catéchisme. Ils sont dans la bonne tradition. Je leur fais remarquer que, même à Paris, les Confrères de Saint Vincent de Paul exercent leur action non seulement auprès des pauvres mais aussi auprès des « païens » de la grande ville. Ce mot a choqué Mgr Steinmetz. « Il ne doit pas y avoir de païens à Paris, me dit-il en sortant. Ici, pour les noirs, tous les Français sont des catholiques. » Je compris la leçon. Nous étions bien d'accord. Le mot païen n'a pas le même sens pour eux et pour nous. Mais surtout j'admirai la délicatesse du patriotisme religieux de nos Missionnaires.

Quel changement depuis le temps où sur l'emplacement actuel de la cathédrale les esclaves étaient parqués avant leur embarquement ! L'Evêque le rappelle aux notables réunis. La construction de l'église a été comme le signe de la libération du pays. La population entière a voulu y contribuer. Les féticheurs eux-mêmes commandaient la corvée de sable !

Au nom du comité catholique, le Directeur de l'école officielle prend ensuite la parole. Il rend hommage à l'action des Pères qui, avant même l'arrivée des Français, ont jeté au Dahomey les germes de la civilisation. Son allocution ne manque pas d'éloquence. Le fracas d'une tornade qui éclate soudain ne le trouble pas. Le vin d'honneur et les cigares circulent pendant que je parle à mon tour sur le renouveau catholique en France dans la jeunesse intellectuelle et dans la jeunesse ouvrière. J'ai l'impression de m'adresser à une élite éclairée qui comprend aisément notre langue et suit avec intérêt le mouvement religieux de notre pays. Eux-mêmes ont à lutter contre la propagande des sectes impies. La Ligue des Droits de l'Homme cherche à recruter des adeptes. Les catholiques se laisseraient surprendre si on ne démasquait la franc-maçonnerie qui tend à s'infiltrer partout sous le couvert de sa filiale.

La réunion de l'après-midi chez les Sœurs était réservée aux femmes chrétiennes. Elles sont nombreuses et plusieurs centaines remplissent la salle des fêtes. Un beau mouchoir noué autour de la tête, la poitrine modestement couverte de leur pagne, quelques anneaux aux oreilles ou un collier au cou pour les plus coquettes, elles écoutent attentivement l'Evêque qui leur parle en leur langue et scandent de gestes approbateurs les bons passages de son discours.

Mgr Steinmetz citait aux femmes de Ouidah, — et il le redira à celles de Porto-Novo, — l'exemple des Dames de l'Œuvre Apostolique. « Oui, leur disait-il, à Paris et dans les grandes villes de France, il y a des dames qui n'ont pas besoin de gagner leur vie et qui veulent coudre de leurs doigts, travailler de leurs mains pour envoyer à nos pauvres églises les ornements que vous admirez. » Et à cette évocation de femmes qui travaillent sans y être obligées, je voyais toutes ces noires se regarder, leurs yeux briller d'étonnement et, portant leurs mains sur leur bouche, retenir un cri d'admiration. Cette admiration redoublait quand on leur disait que certaines, qui travaillent pour vivre, ajoutent encore à leur besogne journalière pour ɱaider les Missions.

L'Evêque insistait pour les exhorter au dévouement et à l'apostolat : « La chrétienté de Ouidah est fondée depuis 50 ans. C'est une vieille chrétienté : elle doit se suffire à elle-même. Je ne veux rien demander pour vous à l'Œuvre Apostolique. Vous travaillerez vous-mêmes pour votre église ou vous me donnerez l'argent pour acheter ce dont elle a besoin. Je réserverai les ressources de l'Œuvre Apostolique pour toutes les petites chapelles de villages qui abritent des chrétientés naissantes. N'est-ce pas légitime ? »

Et toutes hochaient la tête en signe d'assentiment.

Mais on m'avait promis en me souhaitant la bienvenue de me jouer une scène du pays, « pour me faire plaisir. » Et je fus ravis en effet. Le sujet était la conversion d'une païenne par le pardon des injures. Une vieille sorcière ivrogne et voleuse d'enfants faisait contraste avec une bonne mère de famille. L'héroïne était une fillette autrefois emmenée en esclavage et retrouvée par sa mère après des péripéties diverses. On l'amène à la fin de la pièce, étendue sur un brancard, victime de je ne sais quel accident. La scène était émouvante... mais le fou rire prend l'actrice qui se relève prestement et se sauve avec son brancard. Ainsi se termina fort gaiement la séance. Seule, la bonne sœur était désespérée de tant de légèreté.

———

LE CLOCHER DE BOHICON

UNE « MÈRE » DES ROIS

Transport en tip-poy, détrôné par l'automobile

CHAPITRE XVIII

Le Séminaire Sainte-Jeanne-d'Arc

L'école normale d'instituteurs. — Le poison au Dahomey. —
Le Séminaire Sainte-Jeanne-d'Arc. — Le clergé indigène
en Afrique. — La procession de l'Immaculée-Conception.

Sur un vaste plateau, à peu de distance de
Ouidah, Mgr Steinmetz fondait en 1914 un grand
séminaire indigène, le premier créé par les
Missions Africaines de Lyon pour leurs Vicariats
de l'Afrique Occidentale. L'établissement est
situé dans une belle propriété qui comprend,
avec les bâtiments du grand séminaire, une ferme,
un petit séminaire, et une école normale
d'instituteurs.

L'école normale placée sous le patronage de
Saint Jean-Batiste de la Salle, forme une trentaine d'élèves instituteurs qui poursuivent leurs
études et préparent leurs examens sous la
direction du Père Barreau.

Le pauvre Père souffrait depuis quelques semaines d'un mal dont l'origine est suspecte. Il rentrait à l'école un soir, sur sa bicyclette, quand
il aperçut sur la route un groupe de féticheurs.
On veut l'empêcher de passer. Le chef de la bande
le bouscule, le saisit par le bras, et du reste, le
lâche promptement en reconnaissant en lui un
Missionnaire.

Le lendemain, le bras était enflé, endolori,
presque paralysé. Le mal, longtemps rebelle
à tous les traitements, ne cédera qu'à une inter-
vention chirurgicale assez importante pour exiger
un séjour à l'hôpital. Que s'était-il passé ? Une
simple pression n'aurait pas eu ces conséquences

si elle n'avait été accompagnée de quelque injection de poison.

Le Dahomey est la terre classique des poisons. Les sorciers fabriquent les philtres les plus variés, les uns d'une activité extraordinaire, les autres d'une lenteur savemment calculée. Le poison est facile à manier. Il s'insinue sournoisement dans la boisson ou dans les aliments. Il se communique par un simple attouchement ou par une piqûre. Il est sûr et discret quand les laboratoires manquent. Il ne laisse pas de trace et dispense l'administration d'enquêtes inutiles.

Empressons-nous d'ajouter que le fait n'impliquait en la circonstance aucune malveillance contre le Missionnaire en tant que tel. Le féticheur affirma très haut ne pas l'avoir reconnu. Mais il n'était pas surpris que le fétiche ait marqué son mécontentement du trouble apporté à son culte par le passage du blanc...

Le Père Barreau fumait tranquillement sa pipe pendant que nous dissertions sur les poisons et il rappela notre attention sur ses élèves dont il est enchanté.

Le grand séminaire, sous le vocable de Sainte Jeanne d'Arc, est complètement distinct de l'école. Les Directeurs ont implanté dès l'origine les traditions des séminaires de France. Une atmosphère de recueillement et de prière favorise la formation intellectuelle et morale des jeunes gens. Ceux-ci sont en majorité originaires du Dahomey. Mais le séminaire est en principe inter-Vicarial. Plusieurs sujets ont été envoyés par le Togo. Mgr Cessou en compte cinq au petit séminaire et huit se préparent à y entrer bientôt. Six grands séminaristes portent la soutane et ont abordé les cours de théologie. Le Père Parisot, leur

Supérieur, rend d'eux excellent témoignage. On pourra juger de leurs sentiments par l'adresse que le plus ancien a rédigée lui-même pour me souhaiter la bienvenue.

« Monseigneur,

« La visite dont vous avez bien voulu honorer aujourd'hui notre séminaire est un événement dont le souvenir restera longtemps dans notre mémoire. Après avoir, pour l'amour d'une multitude d'âmes évangélisées par la France sur la côte d'Afrique, et pour le zèle de l'extension du règne de Jésus-Christ dans cet immense royaume de Satan, entrepris sans crainte un long et dangereux voyage dans les Missions, vous voulez, en visitant le Dahomey, passer au Séminaire Sainte-Jeanne-d'Arc. Monseigneur, vous êtes le bienvenu !

Nous voyons en vous un éminent représentant de l'admirable clergé de la France catholique, la Nation Apôtre par excellence. On nous a dit en partie, Monseigneur, le bien dont l'Europe, en particulier la généreuse Nation française, se plaît à combler, par vos soins dévoués, les pays infidèles, le Dahomey entre autres. Aussi, est-ce avec bonheur que nous saisissons cette occasion de votre visite pour vous offrir respectueusement, et à la France, en votre personne, l'hommage très sincère de notre vive gratitude, de notre amour, de notre soumission et de notre attachement inviolable. Oh ! la France !

Nous savons, Monseigneur, qu'elle est l'une des nations qui aime le plus la race noire et qui travaille le plus à sa civilisation, et qu'elle est sûrement la première entre toutes par le nombre de ses missionnaires et par son ardeur à la propagation de l'Évangile dans le monde, en particulier, dans notre malheureuse Afrique.

Vous avez pu, Monseigneur, voir et admirer dans la mission du Togo que vous avez visitée, les œuvres que la France accomplit par ses vaillants missionnaires.

Mais parmi tant de pays redevables à la France de tant de bienfaits, le Dahomey, Monseigneur, peut se glorifier à bon droit de lui devoir une dette de reconnaissance spéciale. C'est elle, la chevaleresque patrie de saint Louis, la patrie de tous les dévouements, la protectrice des opprimés et leur défenseur, qui a sacrifié, il y a quelques années, son argent, et infiniment plus, la vie de plusieurs centaines de ses soldats pour délivrer de la tyrannie d'un roi barbare et sanguinaire nos malheureux pères et le pays tout entier plongé alors dans un abîme d'horreur et de honte, pour lui faire jouir aujourd'hui du bonheur de la liberté, de la paix et des bienfaits de sa propre civilisation.

Mais avant les soldats, elle nous avait envoyé ses missionnaires, et les écoliers de la mission, installée depuis 20 ans à Ouidah, ont acclamé en 1892 les soldats vainqueurs, lorsqu'ils défilaient au cri de « vive la France ! » Depuis plus de 60 ans, ces hommes apostoliques sacrifient généreusement leur beau pays et toutes les commodités de la vie d'Europe pour venir consumer ici leur vie d'abnégation sous un dur climat, souvent dans les maladies, toujours dans les épreuves et finalement en mourant au milieu de nous, ce qui est leur plus grand désir, pour l'amour de la grande Victime du Calvaire.

Non satisfaite de tant de sacrifices, la France catholique a bien voulu encore, il y a quelques années, fonder par notre vénéré et bien-aimé Pasteur, la plus grande, la plus durable et la plus sainte de ses œuvres dans le pays : ce séminaire indigène que depuis plusieurs années elle ne cesse de soutenir de son inépuisable charité et où, par quelques-uns de ses chers enfants, elle prépare soigneusement au sacerdoce des Noirs destinés à coopérer plus tard, de toute leur ardeur, avec nos chers missionnaires, à donner enfin à Jésus-Christ leur pays tout entier. Comment ne pas se sentir une vive reconnaissance pour une nation qui fait tant pour nous ?

Mais parmi ceux qui doivent aimer le plus la France, il y a, dans tous les pays infidèles, ceux qui ont le plus reçu et mieux compris le bienfait, les prêtres et les séminaristes indigènes ; il y a nous surtout séminaristes, prêtres indigènes de demain des colonies françaises. Nous l'aimons la France, Monseigneur, nous lui sommes reconnaissants de tous ses bienfaits ; nous espérons nous efforcer aussi plus tard de la faire aimer de nos compatriotes qui ne connaissent pas tous son vrai visage, c'est-à-dire la France du Christ, la France qui aime les Noirs, la France qui a le plus fait pour les Noirs.

Nous demandons au Sacré-Cœur de lui accorder une paix

complète à l'extérieur comme à l'intérieur, de la protéger de ses ennemis du dehors, de renverser ceux du dedans, « *ut inimicos Ecclesiae tuae humiliare digneris* », et de lui faire recouvrer sa prospérité d'autrefois.

Que Dieu bénisse votre voyage, Monseigneur, qui venez renouveler parmi nous, par la générosité des âmes dont vous êtes le mandataire : « *Gesta Dei per Francos !* »

Quand vous serez de retour en votre beau pays, daignez vous souvenir un peu de nous ; et, en recommandant aux prières de tant de saintes âmes qui ornent la France toutes les Missions africaines que vous aurez visitées, veuillez leur recommander aussi les élèves du séminaire Sainte-Jeanne-d'Arc afin qu'ils deviennent tous de saints séminaristes, qu'ils aient le bonheur si grand d'arriver sains et saufs à la prêtrise et d'ouvrir à une foule de leurs bien-aimés frères les portes du Paradis.

Et veuillez agréer, Monseigneur, avec ces paroles et ces sentiments sincères, l'hommage de notre profonde vénération et de notre reconnaissance. »

De telles paroles prononcées dans un tel milieu m'émurent profondément. D'un côté, les professeurs entourant Mgr Steinmetz et Mgr Cessou ; de l'autre, les Séminaristes, dont la soutane blanche faisait ressortir le teint d'ébène. Cette scène évoquait tout un passé et tout un avenir. Le passé, c'était le paganisme dont les tatouages gravés sur le front de plusieurs disaient l'empreinte à peine effacée. L'avenir, c'était le catholicisme qui portera les fils de ces païens aux hauteurs sublimes du sacerdoce du Christ.

Je remerciai ces jeunes gens d'avoir chanté avec un accent si sincère un hymne à notre commune patrie. Les Missionnaires qui inspirent de tels sentiments sont vraiment l'honneur du clergé de France. Je m'inclinai devant eux, devant ces Evêques les vétérans de l'apostolat. Ils ont semé dans la peine et dans les larmes ; ils se réjouissent de former ceux qui, à leur place, moissonneront dans la joie. Ces prêtres de demain sont fils de la France, mais plus encore fils de l'Eglise, la seule puissance qui ne colonise pas parce que nulle part elle ne s'implante comme une étrangère. Elle jette partout des racines si profondes qu'elle s'incorpore au sol le plus ingrat. L'arbre croît et sa sève féconde engendre les fruits magnifiques du sacerdoce.

Ce jour-là était la fête de l'Immaculée Conception, fête patronale de Ouidah et de Porto-Novo.

Le matin en l'église cathédrale, les cérémonies avaient eu un éclat particulier. Mgr Steinmetz et Mgr Cessou assistaient pontificalement à la grand-messe que je chantai ou plus exactement que j'essayai de chanter malgré une malencontreuse extinction de voix. Le soir, après vêpres, la procession se déroula.

Les séminaristes en assuraient l'ordonnance et les chants. Tandis que les cantiques retentissaient à travers les rues de la ville, je réfléchissai au problème si souvent discuté : les nègres africains forment-ils une race intellectuellement inférieure aux autres races humaines ? Nos Missionnaires me semblent partager l'opinion autorisée de **M.** Delafosse qui a longuement étudié les Noirs de l'Afrique Occidentale. « Les nègres africains, dit-il, offrent ce spectacle, sans doute unique au monde, de toute une race n'ayant jamais eu à compter que sur elle-même pour progresser et n'ayant rien reçu de l'extérieur ou en ayant reçu autant de ferments de régression que d'éléments de progrès sinon plus. Aurions-nous fait mieux qu'eux si nous nous étions trouvés dans la même situation ? »

J'ai vu le Père Dogli à Kpandou. J'ai vu les séminaristes de Ouidah. Je verrai d'autres prêtres indigènes à Dakar et à Libreville. Au centre de l'Afrique dans l'Ouganda, les Pères blancs ont actuellement une vingtaine de prêtres indigènes. Ces exemples prouvent que partout, il y a des sujets intelligents et susceptibles de culture. Le temps est nécessaire pour former les Noirs et les élever peu à peu à nos modes de penser. La réfléxion métaphysique est chose nouvelle pour eux. Dans quelques siècles, la race donnera peut-être des philosophes qui ne le cèderont point aux nôtres en vigueur et en subtilité.

Dès maintenant, après 50 ans d'évangélisation, l'Eglise estime qu'elle peut obtenir d'excellents prêtres noirs. La religion catholique n'est pas une vaine philosophie livrée comme le protestantisme au libre examen de ses pasteurs et de ses fidèles. Elle est une religion d'autorité. Le dogme s'impose. Pour le transmettre, il suffit d'en saisir le sens et d'en pénétrer par la prière les significations profondes. La hiérarchie encadre le prêtre, et le préserve de tout écart au point de vue intellectuel comme au point de vue moral.

Certains s'étonnent, quelques-uns s'effrayent de la hardiesse de l'Eglise. Ils négligent totalement de faire entrer en ligne de compte le principal, cet impondérable qui est la plus grande force cachée du monde : la grâce.

La grâce développe les qualités naturelles. Elle illumine l'esprit et éclaire les vérités de la foi ; elle soutient la volonté et affermit les cœurs dans la pratique de la vertu.

La procession avait passé le fort portugais et revenait vers la cathédrale. Je regardai les misérables paillottes du Temple des Serpents. Je regardai les tours de l'église dédiée à la Vierge Immaculée, celle qui écrase la tête de l'infernal serpent. Ces tours flanquées aux deux extrémités de l'église n'ont pas l'harmonieuse proportion des tours de Notre-Dame. Cependant, elles aussi sont tout un symbole et je répétai, en un autre sens que Victor Hugo, le mot fameux : « ceci tuera cela. »

CHAPITRE XIX

Les Petites Sœurs Noires

Abomey-Calavi. — Le déclin du fétichisme. — La fondation
des Petites Sœurs Noires. — Les Religieuses de la Sainte-
Famille du Sacré-Cœur. — La Ligue antialcoolique. —
La traversée du lac Nokué. — L'arrivée à Porto-Novo.

« Vous avez vu mes séminaristes, vous devez
voir mes petites Sœurs Noires. » Et Mgr Steinmetz
me conduisit à Calavi.

Mgr Cessou rentrait à Lomé. D'étapes en étapes,
je laisserai ainsi ceux qui ont été pour moi des
guides précieux, d'une inépuisable bienveillance.
Avec eux, j'ai vu beaucoup, j'ai appris beaucoup.
Je garderai longtemps le souvenir de leurs multiples
attentions pour réduire au minimum les inévitables
fatigues de nos randonnées.

Ce jour-là je ne me sentais pas très brillant.
Le soleil m'engourdissait. Les cahots de la route
me secouaient terriblement. Paul, notre conducteur,
les narines ouvertes et l'œil vigilant, s'efforçait
cependant d'éviter les heurts. Une tasse de café
acceptée avec grand plaisir à Allada, chez
M. l'Administrateur du Cercle, me réveilla pour
notre arrivée à Calavi.

Abomey-Calavi, Abomey le Petit, est bâti
sur le bord d'une lagune qui déverse ses eaux
dans le lac de Nokué.

La Mission, fondée en 1898, dans un centre où
les féticheurs de Sakpata avaient grand crédit,
a connu des années difficiles. Aujoud'hui, le Père
Barril annonce joyeusement l'aube de la moisson.
Tout le district passe sous l'influence catholique
et s'éloigne de plus en plus du fétichisme. Dans
des villages complètement sauvages, il y a dix

ans à peine, des païens demandent le baptême. Des féticheurs détournent leurs enfants d'entrer dans leur collège et, à Calavi, l'école internat de féticheurs semble avoir vécu. Quatre chapelles sont en construction dans le district ; quatre viennent d'être érigées en 1923. Parmi les dernières, celle d'Adjaybô sera l'église votive de sainte Thérèse de l'Enfant Jésus, et le Père Barril déclare que la façade ne le cédera en rien à celle de la chapelle de Lisieux !

Les petites Sœurs Noires ont ici leur noviciat. La fondation en est récente. Le Père Barril reçut un jour à Porto-Novo la visite de la présidente des Enfants de Marie. Cette pieuse jeune fille désirait faire le catéchisme et visiter les malades. Elle voulait suivre le conseil de saint Paul, ne pas se contenter de faire bien en se mariant, mais faire mieux en se consacrant totalement au bon Dieu. De ce jour, Julia Nobre laissa son métier de lingère pour se donner à une vie nouvelle. Elle entraîna deux de ses amies. Toutes les trois renoncèrent aux gants, aux chapeaux, aux chaussures, aux bijoux, pour reprendre l'humble costume du pays. Ceux qui connaissent la vanité des Africaines de la côte comprendront l'étendue de ce sacrifice qui était vraiment le gage de leur persévérance.

Le Père réunit ces enfants dans une petite maison et régla l'emploi de leur temps entre la prière, le travail et le soin des pauvres. Cependant Mgr Steinmetz, qui avait béni les débuts de cette œuvre, se préoccupait d'assurer aux jeunes filles une sérieuse formation religieuse. Qui pourrait s'occuper d'elles ? La Providence y pourvut. Une quatrième jeune fille, Marie Okoko, désirait vivement rejoindre ses compagnes. Gravement atteinte de la poitrine, elle multipliait les neuvaines pour obtenir sa guérison. Malgré ses prières, la maladie s'aggravait lorsqu'elle lut la vie d'une jeune religieuse française, Eugénie Joubert, morte en odeur de sainteté. Touchée de cette vie, Marie Okoko eut recours à l'intercession de sœur Joubert. Elle promit, si elle guérissait, d'entrer en religion et de prendre le nom de sœur Eugénie. Quelques semaines plus tard, elle revêtait l'habit de toile grise des petites sœurs noires et s'appliquait à reproduire les vertus simples et héroïques de sa bienfaitrice.

Mgr Steinmetz vit dans ce fait une indication de la Providence. Sœur Eugénie Joubert appartenait à une Congrégation française, fondée par un Jésuite, le Père Rabussier, avec le but très précis de se consacrer à la prière et à l'enseignement du catéchisme. Les Religieuses de la Sainte-Famille du Sacré-Cœur n'avaient point pensé jusque-là à faire le catéchisme en pays de Mission. Elles acceptèrent cependant la proposition de l'Evêque et elles débarquèrent à Calavi le 8 septembre 1919 pour prendre la tête du noviciat des Sœurs Noires Oblates Catéchistes. Sous leur direction, les Sœurs indigènes se forment, grandissent, et peu à peu s'essayent à voler de leurs propres ailes. Les trois plus anciennes forment entre elles, aujourd'hui, à Abomey l'ancienne capitale de Behanzin, une communauté très édifiante et très zélée.

Cette œuvre complète admirablement l'œuvre du clergé indigène. Le recrutement des Sœurs se heurte à bien des obstacles. La femme païenne a été trop longtemps dans une situation inférieure et trop souvent encore, elle ne peut disposer d'elle-même à son gré. Mais déjà le christianisme a transformé les mœurs et les parents chrétiens commencent à laisser leurs filles se diriger vers le bon Dieu.

Les novices attendaient notre visite. Avant mon départ de France j'avais été saluer à Saint-Denis, la Supérieure des Sœurs de la Sainte-Famille du Sacré-Cœur. J'étais signalé et j'ai eu la surprise d'entendre évoquer, à Calavi, des souvenirs qui prouvaient que l'on était bien documenté sur mon compte.

Le Père Barril ne laisse pas les Sœurs nous accaparer. Les chrétiens sont réunis dans la cour du presbytère tandis que les chefs et les notables ont pris place sous la vérandah à laquelle on accède par un monumental escalier en ciment. Le Père est fier de ce travail qui vient d'être achevé grâce à la générosité de ses ouailles. La réunion est imposante ; les enfants sont si nombreux qu'ils forment sur l'escalier, une énorme grappe noire.

Après l'échange des compliments d'usage, une voix puissante s'élève. Un chant se déroule en une phrase largement rythmée que le chœur reprend à son tour comme les mélopées que l'on entend le soir sur les routes de Bretagne. Un dialogue original se poursuit ainsi pour se terminer à l'unisson par le « *Gloria in excelsis Deo.* » Le chœur est formé par les chrétiens d'un village distant de près de vingt kilomètres. Ils préparent Noël et leur chant est la traduction en langue indigène de l'Evangile de saint Mathieu sur la Nativité. Le jour de la fête, ils viendront pour la messe de minuit, leur lanterne à la main, chantant à travers les sentiers de la brousse et répétant indéfiniment l'Evangile.

Les notables ont préparé une exposition des fruits du pays. Graines d'arachide, manioc, patates douces, ignames, ananas, mangues, bananes, cacao, amandes de palme ; je commence à les connaître. Je remarque les fruits du « Jacquier », l'arbre à pain importé du Brésil que je n'ai pas encore rencontré. Plus gros qu'une tête humaine, de couleur verdâtre, tacheté comme un visage grêlé, ce fruit contient au milieu d'une pulpe farineuse d'autres petits fruits, sorte de grosses châtaignes dont la pâte fermentée sert à faire des petits pains cuits au four.

Le vin d'honneur, offert par le comité, me permet de constater que la Ligue anti-alcoolique compte à Calavi des adhérents. Le Père Barril a recruté à la « Croix Blanche » un certain nombre de membres, et la plupart sont fidèles à leur serment. Du reste, pour ses hôtes, le Père Barril tempère sa propagande et il s'est ingénié à découvrir d'excellents crûs de France...

Une vingtaine de kilomètres nous séparent encore de Cotonou où une chaloupe à vapeur nous conduira à Porto-Novo. La traversée de la lagune demande près de trois heures. Le ronronnement du moteur a remplacé la pittoresque chanson à « Jalodé, le bon oricha » le caïman redouté dont les rameurs cherchaient à apaiser la colère de peur qu'il ne fasse chavirer la barque: « Jalodé, bon oricha, conduis-nous, écarte de nous tout malheur. »

Les noirs ne chantent plus : ils graissent et surveillent le moteur. Mgr Steinmetz et moi disons notre bréviaire. La protection de Marie nous semble préférable à celle de « Jalodé » qui du reste, ce jour-là, ne daigne pas se montrer.

Le soleil enveloppe de lumière et d'ombre les villages lacustres. L'origine en remonterait au XVIIIe siècle, lorsque les habitants du pays d'Ardre, pour échapper au roi Dahoméen, mirent l'eau entre eux et lui. Le roi ne pouvait, d'après son fétiche, traverser l'eau pour combattre. Les « Todjis, » habitants des lagunes, sont d'excellents plongeurs et d'habiles pêcheurs. Deux d'entre eux, sur une étroite pirogue, manœuvrent autour d'un barrage où ils vont tendre leurs filets. Au large nous croisons la chaloupe du Gouverneur qui reconduit à Cotonou le Maréchal Franchet d'Espérey et la Mission Gradis. Nous n'avons pas de pavillon à hisser mais nous saluons de notre mieux ceux dont le magnifique effort a rapproché un peu plus le Dahomey de la France.

Si accablante que soit la chaleur, ces heures passées sur l'eau apportent un repos bienfaisant. La surface très calme, un instant troublée par notre passage, reprend vite son immobilité. Les eaux de l'Ouémé viennent se perdre dans le lac Nokué par le canal de Toché qui le relie à la lagune de Porto-Novo. Les berges monotones dissimulent sous de hautes herbes la vie des insectes et des bêtes. L'homme révèle à peine sa présence sur les rives par le toit pointu de quelques habitations lacustres posées de loin en loin jusqu'à ce qu'apparaisse la ville de Porto-Novo et la haute tour de l'église.

Le débarcadère est pavoisé aux couleurs nationales. Nous bénéficierons des décorations préparées pour le Maréchal. Du reste, les catholiques ont tenu à nous faire une solennelle réception. Le Père Aupiais, Supérieur de la Résidence, est entouré des membres du comité catholique. Le président, un Dahoméen, M. Béraud, décoré de la Légion d'honneur, a connu les débuts de la Mission et il en a noté, avec fierté les progrès.

« J'appartiens à une génération d'hommes qui ont été **les premiers bénéficiaires des œuvres de la mission.**

Il y a près de 50 ans de cela, que de transformations ! que de progrès depuis ces jours où quelques enfants élevés à la mission constituaient le noyau de la future chrétienté de Porto-Novo.

Le grain de sénevé est sorti de terre, il a grandi et il est devenu un arbre majestueux à l'ombre duquel s'arrêtent et se complaisent déjà de nombreuses âmes païennes.

Les premiers des chrétiens de Porto-Novo en sont particulièrement heureux et un peu fiers. Partis seuls, ou presque seuls, ces chrétiens voient maintenant de tous les points de l'horizon des contingents nouveaux chercher à les rejoindre en route. »

Le spectacle que j'ai sous les yeux confirme ces paroles.

Une foule compacte est massée sur le parcours tandis que, devant nous, plus d'un millier d'enfants manœuvrent militairement et nous font jusqu'à l'église un cortège triomphal.

Le district de Porto-Novo, je le constaterai en détail, est en pleine efflorescence chrétienne.

Le marché d'Abomey

Une chapelle de la brousse

CHAPITRE XX

Les écoles de Porto-Novo

Au Dahomey, les premières écoles françaises furent fondées par les Missions religieuses bien avant l'établissement définitif de la France dans ce pays. Celle de Porto-Novo date de 1865. Le Vicariat entretient aujourd'hui 22 écoles primaires fréquentées par 3.700 enfants. Le recrutement des maîtres indigènes est désormais assuré par l'école normale de Ouidah.

L'esprit de parti, au temps où les Français ne s'aimaient pas, répandait volontiers la légende que les écoles de Missions étaient quantité négligeable pour la diffusion du français. L'exemple du Dahomey est la meilleure réponse à ces insinuations. Le souci du salut des âmes, le premier pour le Missionnaire, n'est pas incompatible avec l'enseignement. Les statistiques distinguent du reste fort justement entre le nombre des enfants, près de 6.000, qui suivent le catéchisme et le nombre de ceux qui fréquentent les écoles. Si le Dahomey est, dans l'Afrique Occidentale Française, la colonie où notre langue est la plus répandue parmi les indigènes, le mérite, pour une part, en revient aux Missionnaires. Ils ont formé un grand nombre de maîtres des écoles officielles et parmi les employés de commerce ou d'administration, parmi les noirs cultivés, les Akoués comme l'on dit là-bas, leurs anciens élèves, sont encore aujourd'hui la très grosse majorité.

9

L'organisation de l'enseignement en A. O. F., réglementée par les arrêtés de 1903 et de 1918, n'a pas diminué le rôle des écoles privées. La proportion des enfants atteints par l'instruction est de 2 % à peine. Dans ces conditions, en dehors de toute autre considération, il serait insensé de ne pas utiliser le concours de toutes les bonnes volontés et il serait de sage politique de les encourager par de larges subventions. Les primes d'examen sont insuffisantes. Elles ont cependant l'avantage de sanctionner officiellement les résultats obtenus par les écoles privées.

Un autre mérite des Missions en matière d'enseignement a été de réussir au Dahomey à vaincre, en partie, l'inertie indigène pour l'instruction de la femme : près d'un millier de jeunes filles, dont 250 internes, fréquentent les écoles des Sœurs à Ouidah, Porto-Novo, Cotonou, Agoué, Grand Popo et Abomey-Calavi.

Souvent, j'ai eu l'occasion, dans les patronages, d'assister à une petite pièce dans le genre des fabliaux « Riblon Riblette. » Je l'ai vu jouer à Porto-Novo avec un naturel, un entrain, une verve qui m'amusèrent beaucoup. La diction des enfants méritait des éloges que je fus heureux d'adresser à leurs maîtresses, les Sœurs de Notre-Dame des Apôtres.

L'école des garçons nous réservait le spectacle d'un défilé fort imposant. Deux mille pieds marquèrent le pas avec un ensemble remarquable. Ce petit bataillon manœuvra avec la souplesse du noir discipliné par la méthode du blanc. Parmi eux, un groupe d'élite, constitué en société de gymnastique et de préparation militaire, compte plus de 200 enfants, tous habillés d'un uniforme aux trois couleurs, culotte blanche, ceinture rouge et béret bleu. L'effet est gracieux et ce petit moyen contribue à entretenir chez eux le culte de la patrie.

« La France ! A ce nom, nous diront-ils, nos jeunes cœurs sont toujours saisis d'un sentiment d'amour et d'admiration parce que dans nos âmes, ce nom évoque la grandeur, la bonté, la générosité. Nous vous promettons d'être toujours dignes de nos Pères vénérés qui se dépensent totalement pour nous, d'être toujours dignes de la générosité et de la bonté des catholiques de France dont vous nous apportez le salut et l'affection ! »

La séance qui suivit comportait, avec quelques scènes, des récitations d'élèves appartenant à diverses classes. L'Avocat Pathelin fut particulièrement remarquable ; il pathelina avec un esprit endiablé. Les plus grands donnèrent quelques morceaux du *Cid*. Ces récitations et une scènette finale témoignèrent de l'intelligence des textes et d'une prononciation dont la perfection est rarement atteinte chez les noirs aux lèvres lippues.

Les effets de l'instruction dans un cerveau que l'hérédité n'a pas préparé à l'étude peuvent être parfois un peu déconcertants. Il y a lieu simplement de sourire quand l'imagination se livre à de hautes fantaisies littéraires. Les jeunes gens qui ont leur certificat d'études en émaillent leurs lettres. On m'en a remis une qui contient textuellement cette phrase de remerciement : « Ma boule de reconnaissance roulerait donc éternellement dans le corridor de votre bienveillance, si vous pouviez me rendre ce petit service. » Mais la fermentation des idées est plus dangereuse que les écarts littéraires. Si l'instruction jette dans ces têtes « les immortels principes de 89, » et « l'exemple de nos grands ancêtres de la Révolution, » on peut craindre un jour une formidable explosion du bolchevisme noir.

La formation de la conscience doit aller de pair avec la formation de l'esprit. Les Missionnaires ont le sentiment très vif de la lente évolution qui s'impose pour amener l'indigène à notre civilisation. Le temps est nécessaire pour pénétrer le cerveau et le cœur, le temps et aussi une grande bonté qui gagne peu à peu les plus réfractaires.

L'éducation ne peut négliger les qualités artistiques dont sont doués les Dahoméens. Les palais royaux d'Abomey conservent des dessins, des peintures, des bas-reliefs qui révèlent les traditions de la race. Les représentations du lionceau de Glé-Glé ne valent pas évidemment celle des lions de saint Marc de Venise. Cependant malgré l'excessive simplification des lignes, le dessin accuse le sens des formes et du mouvement. Les bâtons des envoyés royaux et des grands chefs féticheurs se terminent souvent par de fines sculptures de têtes d'animaux.

Les sièges des rois d'Abomey sont célèbres. D'autres m'ont paru plus curieux encore. Le siège proprement dit rappelle, comme celui des rois, les « fauteuils en x ». Quatre pieds le supportent constitués par quatre figurines habituellement accouplées deux à deux, l'homme et la femme. L'homme fume sa pipe ou souffle dans une flûte champêtre. La femme porte sur son ventre une calebasse. Les physionomies ne manquent pas d'expression. Le tout est taillé et sculpté dans un seul tronc d'arbre, d'ordinaire un Rocco, un bois dur au grain-fin et lisse.

Sans aller jusqu'à prétendre avec quelques-uns que l'art primitif africain doit être, pour nos artistes modernes, une source de rénovation, on ne peut nier les dons d'observation et le talent d'exécution des noirs du Dahomey.

Porto-Novo : La tour de l'église

LES GYMNASTES DE PORTO-NOVO

Leur talent s'affirme encore par les figurines de cuivre et les bijoux qu'ils fabriquent. Les lignes géométriques et les couleurs dont ils décorent les sparteries et les vanneries leur ont valu une juste réputation. Il faut noter toutefois qu'actuellement l'influence européenne n'en est pas absente.

L'étude développe les dispositions naturelles des Dahoméens. Un élève de l'école a transposé sur la surface courbe d'une calebasse le dessin d'une simple image, la Tempête apaisée. Le sujet comporte de nombreux personnages et des lignes tourmentées qu'il a su reproduire en respectant toutes les proportions et en maintenant parfaitement l'harmonie du tableau. Un autre a dessiné, d'après nature, sur deux vases de bambou, des scènes de village où le geste gracieux de la femme battant le fou-fou est justement saisi.

Il y a donc, chez plusieurs, un véritable sens artistique que l'éducation doit développer en ayant soin de respecter le cachet personnel et original de l'art du pays.

L'importance de l'enseignement n'échappe pas au Lieutenant-Gouverneur actuel, M. Fourn. Lui-même et M. l'Inspecteur des écoles n'hésitèrent pas à nous dire combien ils appréciaient sur ce point l'effort des Missionnaires. M. Fourn connaît depuis longtemps le Dahomey. Nommé en 1909 chef de la Mission française chargé de la délimitation de cette colonie et du Togo, il était promu, dix ans plus tard, au poste qu'il occupe aujourd'hui. La colonie a traversé depuis lors une période de prospérité toujours croissante. Le commerce qui était de 38 millions en 1910 s'est élevé à plus de 182 millions en 1924 dont 82 aux importations et 100 aux exportations. Le mouvement s'accentuera avec la mise en valeur des pays du Nord.

Après notre visite officielle au Gouverneur, nous nous rendîmes à la réunion du comité catholique. Les chrétiens de Porto-Novo caressent le projet de bâtir une nouvelle église. L'édifice actuel remplace la première chapelle construite en terre battue dès 1861 à l'arrivée des premiers Pères. Le nombre des chrétiens n'a cessé de grandir et aujourd'hui, dès qu'il y a affluence, des centaines restent dehors, s'entassant près des portes et des fenêtres. Ils n'ambitionnent pas une cathédrale. Ils voudraient une église vaste, simple et belle, digne du développement de leur chrétienté. Un architecte a présenté des plans intéressants et une société de construction promet des conditions avantageuses. Le Père Aupiais, homme d'initiative et administrateur prudent, a recueilli de suite les premières souscriptions. Le sang de France a coulé en terre dahoméenne. Pourquoi l'église de Porto-Novo, la capitale, ne serait-elle pas l'église du Souvenir Dahoméen ?

Mgr Steinmetz ne pouvait refuser de bénir ce projet. Certes, les besoins du Vicariat sont grands. A Porto-Novo, les bâtiments des écoles exigent des agrandissements urgents. Mais l'église, avec son autel et son tabernacle, ses cérémonies et ses réunions, remplit, elle aussi un rôle éducateur de première importance.

La construction de l'église ne fait pas perdre de vue à l'Evêque la nécessité de donner à l'enseignement un nouveau développement. Les chrétiens qui ont reçu une solide instruction primaire et ont acquis une situation dans l'administration, le commerce ou les chemins de fer, sentent le besoin de donner à leurs fils une instruction plus complète.

Quelques jeunes gens ont été envoyés, en France ou à Dakar, pour leurs études secondaires ou pour se préparer au cours de l'école médicale de l'A.O.F. En dehors des frais énormes que représentent de tels déplacements, il est dangereux de transplanter trop tôt ces jeunes gens. Les « déracinés » sont tentés de ne plus revenir et de déserter la petite patrie.

L'école normale des instituteurs de Ouidah a un but très précis qu'elle n'atteindrait plus en ouvrant indistinctement ses portes à tous les élèves. La nécessité s'impose donc d'ouvrir un collège catholique qui répondrait aux exigences intellectuelles de la nouvelle génération. La nécessité est d'autant plus pressante que les protestants Wesleyens, pourtant peu nombreux, ont commencé, avec d'abondantes ressources, un collège dont j'ai vu s'élever les murs et qui risquerait d'attirer les catholiques si rien n'était organisé pour eux.

J'ai appris que Mgr Steinmetz, dans une audience récente, a exposé au Saint-Père cette situation et son hésitation devant les dépenses à entreprendre. « Combien vous faudrait-il ? lui dit le Pape. — Au moins 300.000 francs, Très Saint Père, pour commencer. — Eh bien, lui dit Pie XI, je vous en donne 100.000 et je ne prétends pas être votre plus généreux bienfaiteur. J'espère que vous en trouverez d'autres en France et je les bénis d'avance. »

Le geste délicat de Pie XI souligne l'importance de ce projet qui, entrepris sous de tels auspices, ne peut manquer de réussir.

CHAPITRE XXI

Les Stations secondaires

Le brouillard enveloppe Porto-Novo d'un manteau froid et humide. Dans une heure le soleil
l'aura dissipé et réchauffé l'atmosphère. Le
Père Aupiais n'hésite pas à nous faire partir de
suite : nous n'avons pas trop de temps pour parcourir dans la journée les stations secondaires
du district.

L'auto atteint repidement Adjara reliée à la
capitale par une somptueuse allée de palmeraies
soigneusement entretenues. La construction d'une
église en pierre symbolise l'établissement définitif
du catholicisme, dans ce centre fétichiste jusqu'ici
très fermé. Aujourd'hui, le chef féticheur vient
saluer Monseigneur. Marque de respect, sentiment
de curiosité, sentiment de vanité qui le pousse à
venir s'asseoir près de nous sous la vérandah de
la maison du catéchiste, les coudes sur les genoux,
« l'Ako » rejeté sur l'épaule ? Sait-on jamais avec
ces gens-là ! Mieux vaut croire à sa courtoisie
jusqu'à preuve du contraire. Du reste, les chrétiens
se préoccupent peu de sa présence. Le Père
Supérieur nomme les divers groupes qui représentent au moins huit villages dispersés et séparés
d'Adjara par la lagune.

Les difficultés stimulent les courages. Les obstacles matériels ne comptent pas à côté des opposi-
tions que plusieurs ont dû vaincre pour recevoir
le baptême. Des fils de chefs païens ont lutté contre
leurs pères et contre leur entourage. Ils ont souffert

persécution. Leur persévérance a triomphé et a entrainé de nombreuses conversions.

La figure épanouie du catéchiste affirme la confiance joyeuse dans l'avenir. Ses yeux malins suivent chacune de vos paroles qu'il interprète ensuite avec une mimique si expressive que l'auditoire n'aurait pas besoin de comprendre la langue pour le suivre. Père de famille encore jeune, il a déjà huit enfants dont les derniers se suivent à moins de dix-huit mois d'intervalle. Sa femme et lui forment un excellent ménage qui est un exemple de ce que l'éducation chrétienne obtiendra de plus en plus et une réponse à ceux qui présentent la polygamie comme une loi intangible des mœurs africaines.

Bodjé est une petite station nouvellement ouverte sur la demande du chef et des notables. Le catéchiste réunit provisoirement les enfants dans une ancienne maison de commerce. Un terrain, donné par l'administration au milieu d'une belle plantation de cocotiers, permettra les constructions futures.

Deux autres stations, Atchoupa et Mislété, sont dans les mêmes conditions. Dans toute cette région, chaque village réclame un catéchiste et une chapelle. La sève monte. L'arbre étend ses branches et pousse de nouveaux rejetons.

La forte chaleur a succédé à la fraicheur matinale. Les noirs, sur la route, s'abritent sous un chapeau monumental d'un mètre de diamètre, tressé en feuilles de palmier. On dirait que chacun porte sur sa tête la toiture de sa case. Nous atteignons Takon, chef-lieu d'un canton dont les bâtiments de la station ont été récemment achevés. Tout est neuf, la salle de réunion, la maison du catéchiste, la chapelle et le jardin où pas une herbe n'envahit les allées et où les fleurs s'épanouissent allègrement. Le sol de la chapelle est reluisant. Je l'admire et m'agenouille avec plaisir sur tant de propreté...

— « On dirait qu'il vient d'être encaustiqué, » dis-je au Père Aupiais.

— « Il l'a été certainement, me répondit-il, avec l'encaustique du pays. Les vaches le fournissent avec abondance. Ramassée, séchée, pilée, et frottée, vous voyez ce que devient la bouse de vache ! »

Vérité en deçà des Pyrénées, erreur au delà ! En France, elle salit les cours de ferme, ici, elle cire les appartements.

Le chef du canton vient de mourir. Ses fils nous conduisent prier sur sa tombe qui n'est autre que le sol de sa case. On pourrait dire de sa chambre, car la maison a l'allure d'une ferme de nos campagnes d'autrefois, alors que le chaume était encore la toiture courante des habitations. La piété filiale exige que le fils dorme sur le corps de son père et le garde des profanations que ses ennemis pourraient tenter. La vengeance fait un devoir de priver un ennemi de sépulture ou de troubler ses mânes en bouleversant sa tombe.

Le fils, au nom de son père défunt, nous offre des cadeaux : une chèvre et un porc rejoindront les poulets, canards, dindons qui depuis le matin nous ont été apportés de village en village. Les poules de petite espèce sont médiocres, mais les dindons rivalisent avec ceux de France. Les intendants des paquebots le savent et en font habituellement provision à Cotonou où ils prennent aussi les énormes crevettes roses très appréciées à la table du bord.

De Takon à Sakété, le sol renferme en abondance de la latérite. L'exploitation des carrières fournit chaque année plus de 6.000 tonnes qui servent pour les routes, le chemin de fer et les constructions européennes de Porto-Novo.

Un embranchement de l'Est dahoméen qui fait en cinq heures le trajet de Porto-Novo à Sakété, dessert la région. Les Missionnaires préfèrent s'imposer la route à bicyclette afin de visiter au moins une fois par mois les villages. Le Père chargé du district suit ainsi, sur place, l'action des catéchistes. De plus, il les convoque au chef-lieu pour une récollection mensuelle. Enfin chaque semaine, il leur envoie une circulaire pour les guider dans l'instruction dominicale qu'ils sont chargés d'adresser aux chrétiens.

Dès notre arrivée à Sakété, nous saluons l'Administrateur que Monseigneur tient à remercier des aquarelles aimablement offertes aux Pères pour l'Exposition Missionnaire Vaticane.

Le temps passe vite à admirer les toiles et les modelages de son atelier. Les chrétiens attendent à l'église et nous avons accepté de déjeuner chez un ami personnel du Père Aupiais, le capitaine Jacquiez, qui commande le camp de tirailleurs situé à quelque distance de la ville. Le drapeau français qui flotte là-bas assure la paix dans ces régions où la tyrannie d'un roi ornait la route de têtes accrochées aux arbres lors des visites des premiers Pères.

Avant de repartir, Mgr Steinmetz me proposa de rendre visite au chef du village. Je vois encore sa belle stature, sa physionomie intelligente, l'attitude digne et déférente de son accueil. Après les salutations d'usage « O'ku, O'ku, O'ku.., » après les présentations, nous entrons dans une des salles de sa case, pièce assez vaste et bien tenue, ornée des produits de sa chasse. La conversation s'engage entre Mgr Steinmetz et lui, cordiale et

Le roi Zounon et sa famille

Le catéchiste d'Adjara et sa famille

Abomey-Calavi : Le noviciat des Petites Sœurs noires

franche. Le chef s'informe de mon voyage, se dit honoré de nous recevoir, parle des besoins du village, des enfants qui suivent le catéchisme... Pendant ce temps, sur son ordre, on a été chercher une belle chèvre qui arrive en manifestant hautement son mécontentement d'être arrachée à l'herbe de la brousse : c'est le cadeau du chef dont je le remercie. Mais voici qu'il se lève, vient à moi, dépose entre mes mains des pièces d'argent et il demande à Mgr Steinmetz de m'expliquer qu'il sollicite mes prières pour que « Mahou », pour que Dieu le bénisse et bénisse son village.

Au retour, nous passons par Adjohon où les chefs palabrent avec l'Evêque sur l'organisation d'une école.

Un court arrêt chez l'Administrateur, et nous reprenons la route qui descend vers le fleuve au milieu des palmeraies ombreuses. L'Ouémé jette dans le paysage la fraîcheur de ses eaux qu'il roule abondantes depuis les monts Atakora jusqu'au lac Nokué.

Nous sommes en retard. Je dois parler le soir aux chrétiens de Porto-Novo. Le roi Totin avait sollicité l'honneur de notre visite. Impossible de répondre à l'invitation royale et cependant une chapelle se construit à Dangbô dans le village de sa majesté !

L'auto file à toute allure mais un pneu éclate et il n'y a pas de roue de secours ! Nous sommes à Akpa, à une dizaine de kilomètres de la ville. Rien à faire sinon à regarder la scène délicieuse des jeunes filles à la fontaine. Elles arrivent deux à deux, portant sur leur tête l'amphore de grès dont leur démarche molle ne trouble pas l'équilibre. Elles déposent leur fardeau et entourent la fontaine où elles s'amusent et folâtrent, légères et rieuses, plus empressées à parler des choses du village qu'à remplir l'urne avec le jouet d'enfant qu'elles ont inventé : une toute petite calebasse au bout d'une longue ficelle... Elles mettront longtemps pour accomplir leur tâche avant de rentrer au logis. L'or du soleil à son déclin jette ses derniers rayons sur les nymphes de bronze, sur les amphores humides, sur le feuillage des arbres et sur le miroitement de l'eau.

Mais une auto passe et accepte de me prendre en surnombre. J'arriverai juste à temps pour entretenir les chrétiens de la dévotion à la Sainte Vierge et leur dire que la France d'aujourd'hui, comme la France d'autrefois, reste fidèle à Marie.

Et tandis que la bénédiction du Saint-Sacrement descend sur ces fidèles, les visions de la journée se déroulent en mon esprit : petites chapelles qui se multiplient ; petits enfants qui apprennent le catéchisme ; vieux païens dont peu à peu le cœur s'ouvre à l'Evangile !

CHAPITRE XXII

Le Mystère de l'Epiphanie

La Race Gunnou. — La fête des païens. — Le roi Hérode. —
Les femmes de Rama. — L'adoration des Mages. — Un
dîner chez Zounon le roi de la nuit.

Pour décor les grands arbres de la Mission,
pour lustres des papayes où se consume lentement
l'huile de palme, pour frise le ciel lui-même et ses
milliers d'étoiles, tel est le théâtre où se déroulera
tout à l'heure la représentation du mystère de
l'Epiphanie.

Mgr Steinmetz, de retour avec le Père Aupiais,
malgré la panne d'auto, m'explique dans quelle
pensée les Pères ont institué la fête dont nous au-
rons ce soir une répétition générale.

Les Missionnaires ne savaient trop comment
atteindre certains quartiers de Porto-Novo où
la race Gunnou vivait à l'écart du reste de la population. Quelques conversions individuelles étaient
signalées de temps à autre parmi ces pauvres gens.
Mais la masse restait figée dans son paganisme.

Le Père Supérieur eut l'idée d'organiser pour
tous ceux de la race, chrétiens et païens, une
fête qui les attirerait à la Mission. La fête de
l'Epiphanie, la vocation miraculeuse des Gentils,
fut choisie comme fête traditionnelle. Mgr
Steinmetz célébra lui-même une messe solennelle
en plein air, dans la cour de la Mission. Au premier
rang, assistaient les chefs les plus notables de
Porto-Novo et des environs, des féticheurs en costume de gala plus ou moins bizarre et une foule,
en grande partie infidèle, aux pagnes bariolés et
multicolores.

La messe et le sermon n'auraient pas suffi à frapper l'esprit de cette foule. Une scène théâtrale soulèvera son admiration et son enthousiasme.

Comme au Moyen-Age, on jouera un Mystère, non plus pour édifier des chrétiens, mais pour instruire des païens. Plusieurs d'entre eux ont consenti à être les acteurs. Ils ont étudié leur rôle. Ils ont suivi attentivement l'explication de l'Evangile. Un chef païen, très considéré à Porto-Novo, et très au courant de la langue, a collaboré avec les Pères et a composé lui-même plusieurs chants.

La scène évangélique a été adaptée aux mœurs et coutumes Dahoméennes. Au lever du rideau, le roi Hérode est assis sur un sofa, à la manière des rois Gunnous, entouré de quatre femmes dans l'attitude des femmes du roi quand celui-ci doit donner audience. Il est préocupé. Le meurtre de son fils pèse sur sa conscience.

Le premier ministre s'avance en jetant les interpellations d'usage « Ahué ! Ahué ! ». Il se prosterne devant le roi et le salue du bras droit étendu en avant. Le roi se fait rendre compte des évènements de la journée. Des étrangers demandent à le voir, les docteurs de la loi veulent lui parler, le peuple s'afflige parce que le roi est triste.

Et ce dernier mot éveille en lui la colère sinon le remords.

« Non, mon fils n'est pas mort de maladie, le peuple le sait bien ; je l'ai fait tuer... Oui, c'est moi qui ai appelé un serviteur fidèle et lui ai donné l'ordre. Mon ordre a été exécuté. » Hérode n'est pas triste mais il est heureux de cette mort qui le débarrasse d'un futur ennemi, car les fils des rois sont les ennemis de leurs pères.

Et après une pause, il ajoute menaçant : « Demain on cherchera des héritiers à ma couronne, des enfants issus de David ; tous périront comme mon fils, je le jure sur ma tête ! »

Le roi Hérode a déclamé son rôle avec un jeu remarquable.

Les faits qui semblent si lointains à nos mentalités européennes, parlent vivement à ces noirs. Les mœurs cruelles d'Hérode n'étonnent pas en ces pays où, autrefois, le moindre roitelet se débarrassait de son fils guettant sa succession, comme du plus dangereux de ses ennemis.

Après la scène de la réception des rois Mages et, parmi eux de Gaspard qui sera, tout naturellement, un roi Gunnou de Porto-Novo, après l'audition des docteurs de la loi qui annoncent la naissance du Messie, une dernière scène très dramatique termine cette première partie.

Suzanne, la mère dont l'enfant a été tué, vient interroger son époux pour savoir ce qu'est devenu son fils. Elle soupçonne la vérité sans oser la croire. Elle prend des détours et cherche à saisir chez le père quelque indice de remords.

Hérode, sans pitié, la repousse : « Les fils des rois, dit-il, sont les ennemis de leurs pères. Toutes les armes sont bonnes contre un ennemi quand elles donnent la victoire. »

Suzanne se lève magnifique de dignité dans sa douleur. Elle défend la mémoire de son fils et, soudain, haussant le ton, elle laisse éclater les malédictions bibliques dont elle accable Hérode :

> Que le Dieu vengeur se lève contre vous !
> Qu'il punisse votre crime !
> Qu'il désarme votre bras !
> Qu'il ébranle votre trône !

Puis, peu à peu, elle s'apaise à la pensée des temps nouveaux qui se préparent. Elle appelle le Sauveur « Jésus, ne tarde plus. Viens sauver ton peuple. Et si mon enfant n'est mort que parce qu'il te fallait un ange de plus pour ton cortège, soit remercié de me l'avoir pris. »

Le chant des femmes de Rama forme la seconde partie. Elles viennent joyeuses adorer l'Enfant de la crèche. Mais déjà les Anges leur font pressentir le sacrifice qui leur sera demandé.

En voici les deux dernières strophes :

Les Femmes :

Puisque le Sauveur est né
Pourquoi êtes-vous tristes
Anges, qui apportez la grande joie,
Quand la faucille de la lune
Passe au champ de lumière
Il faut qu'elles meurent les étoiles.

Les Anges :

Elles mourront, hélas ! les étoiles
Ils seront arrachés les épis
Il sera consumé le bois tendre
Ils seront broyés les grains dorés
Femmes de Rama, sœurs de Marie.

Le dernier tableau représente l'Adoration des Mages. Ils arrivent couverts de pagnes superbes vccompagnés d'une suite nombreuse et s'avancent l'ers la crèche. L'un porte l'or, l'autre porte dencens et le troisième, à la place de la myrrhe, de l'eau pure si appréciée en ces pays.

Voici encore quelques extraits de leurs chants, extraits d'autant plus remarquables qu'ils sont l'œuvre d'un païen.

Les Rois chantent :

« Dieu est Roi
Il est le Créateur de tous les êtres

. . . .

Les hommes, que Dieu leur pardonne,
Sont habitués à dire le mal
Mais ils sont aussi capables de dire le bien
C'est pourquoi, nous t'exprimons ces vœux, Seigneur,
Fais que le monde subsiste toujours
Fais que tous les êtres vivent dans le bonheur
Pour mieux T'adorer.

. . . .

Dieu un jour a parcouru le monde
Il a vu Marie ; comme Elle était pure
Il l'a trouvée digne du Grand Mystère.

. . . .

Une créature a donné une vie à Dieu
La Vierge est restée Vierge
Quelles grandes choses annoncent ces grandes choses.

. . . .

Nous, les trois Rois avons appris
Que le Roi des Rois est venu
Nous avons voulu aller voir ce Roi
Nous cherchons où est le Roi des Rois ! »

Chaque roi à son tour va offrir à l'Enfant Jésus son présent.

Le premier Roi :

« Moi, je t'apporte de l'or qui sera ta couronne.
Quand tu la porteras, elle brillera comme le soleil levant.

. . . .

Le deuxième Roi :

Moi, je t'apporte de l'encens, qui est le sang de nos arbres
Si tu le voulais je te donnerais mon propre sang.

. . . .

Le troisième Roi :

Moi, je t'apporte de l'eau pure et claire du Créateur
Quand on l'aura versée sur la tête de quelqu'un
Il y trouvera le salut. »

Le poème finit par ces mots :

« Heureux ceux qui n'ont point vu et qui croient
Ils seront récompensés par mon Père. »

Pour nous, la séance se termine là. Au jour de la fête, un tam tam la clôture et, jusqu'au soir, hommes, femmes et enfants se démènent, dansent et se disloquent les membres en l'honneur du Dieu nouveau qu'ils acclament à leur manière avant même de le connaître parfaitement.

Au soir de cette journée bien remplie, nous sommes invités à dîner chez Zounon, le roi de la nuit. Une curieuse tradition divisait les pouvoirs au royaume de Porto-Novo. En certaines contrées d'Afrique, deux rois règnent tour à tour pendant une période de deux ou trois ans. A Porto-Novo, les fonctions royales alternaient le jour et la nuit. Le roi du jour dirigeait seul l'administration. Mais il devait rentrer dans son palais après le coucher du soleil ; le roi de la nuit ne pouvait sortir que dans les ténèbres. Il était chargé de la police et veillait sur le sommeil de ses concitoyens. Chacun des deux rois avait droit de mort sur son collègue au cas où il l'aurait rencontré dans la rue en un moment d'inter-règne. Ces deux pouvoirs se sont perpétués, nominalement du moins.

Zounon régnait déjà la nuit au temps du roi Toffa qui sollicita l'appui des Français. C'est un ami de la France et un ami de la Mission. Il habite une vieille et pittoresque demeure, souvenir de sa splendeur passée. Dans la cour, se dressent les colonnes du Temple où était intronisé le roi du jour par le roi de la nuit. Des serviteurs nombreux l'entourent et s'inclinent profondément à notre arrivée. Dans ce décor antique, le roi de la nuit offrit à ses invités un somptueux festin, et sut trouver des mots délicats pour nous remercier et nous demander de prier « Mahou » de le bénir.

Zounon est le type de ces vieux païens trop enracinés dans le passé pour briser complètement avec leurs erreurs, mais tout imprégnés dans leur cœur de sentiments chrétiens. Dans sa chambre trône une belle statue de Notre-Dame de Lourdes. Puisse la Vierge Immaculée amener à la pleine lumière de l'Evangile ceux qui sont encore attachés à la nuit !

CHAPITRE XXIII

La capitale de Behanzin

La mission de Cotonou. — Une forge de village. — Allada :
une halte improvisée. — Les ruines du palais d'Abomey. —
Les Amazones. — Les sièges royaux. — La fête des coutumes. — Le Père Girerd et les Dassas. — Les petites
Sœurs indigènes. — Un retour mouvementé. — En route
pour le Congo !

Au lendemain des réceptions de Zounon, nous
quittions Porto-Novo. Mon séjour touchait à
sa fin. J'exprimai un double regret : celui de n'avoir
pu saluer en Nigeria Mgr Terrien, Vicaire Apostolique du Lagos et celui de n'avoir pu pousser
jusqu'à Abomey l'ancienne capitale de Behanzin.

Impossible de franchir la frontière de la
Nigeria. Le service sanitaire s'y opposait en raison
d'une grave épidémie. Mais Abomey, ne serait-il
pas possible de l'atteindre si j'avais un jour deplus ?

Le canot glissait rapidement sur le lac et vers
midi nous arrivions à Cotonou, le port principal
du Dahomey, ville importante où vient aboutir
toute son activité commerciale ; ville d'un cachet
presque européen avec un cercle, un hôtel confortable, un café dont la terrasse donne sur la mer,
avec des factoreries multiples, vrais bazars adaptés
au goût indigène où le voyageur blanc lui-même
s'empresse de s'approvisionner.

Le Père Supérieur nous présente les petites
filles que les Sœurs de Notre-Dame des Apôtres
forment dans leur pensionnat et le soir dans la
chapelle, la communauté qui compte à Cotonou
plus de 1.200 fidèles. Non loin de la Mission,
s'élèvent les fondations d'une église définitive
commencée avant guerre.

L'élève de l'école qui parlait au nom de tous insinuait leur pauvreté en citant « le poète » :

> « Un riche peut donner de l'or
> Nous, nous donnons notre cœur
> C'est le plus beau trésor. »

J'approuvais les vers du poète mais j'encourageais les chrétiens à travailler pour l'achèvement de cette église leur promettant que la Providence saurait les aider.

Il me semblait que mes paroles portaient. Des applaudissements, de ci de là, les soulignaient et partaient bientôt de tous les coins de la salle. Un instant, je me crus éloquent. Mais je m'aperçus bientôt que ces gestes approbateurs n'étaient que des claques vigoureuses dont chacun se frappait la poitrine et les bras pour écarter les moustiques importuns !

Le lendemain, je m'apprêtai à boucler définitivement mes cantines lorsque nous apprenons que le paquebot des Chargeurs a quarante-huit heures de retard et ne passera que lundi prochain. Quelle bonne occasion de réaliser mon désir et de pousser jusqu'à Abomey !

Mgr Steinmetz a une crise de fièvre. Je ne voudrais pas qu'il s'impose cette fatigue et j'insiste pour qu'il laisse un Père m'accompagner.

— « Mais, me dit-il ce sera une promenade qui me fera du bien... Et puis, je suis content d'être avec vous. Vous m'apportez un peu d'air de France ! »

Le samedi, aussitôt après déjeuner, nous partons dans l'auto que le Père Boulenger, le Procureur général du Vicariat, avait immédiatement trouvée.

La promenade de plus de 200 kilomètres sera un peu mouvementée. Deux chauffeurs conduisent « l'Overland » qui d'abord se met en route sans

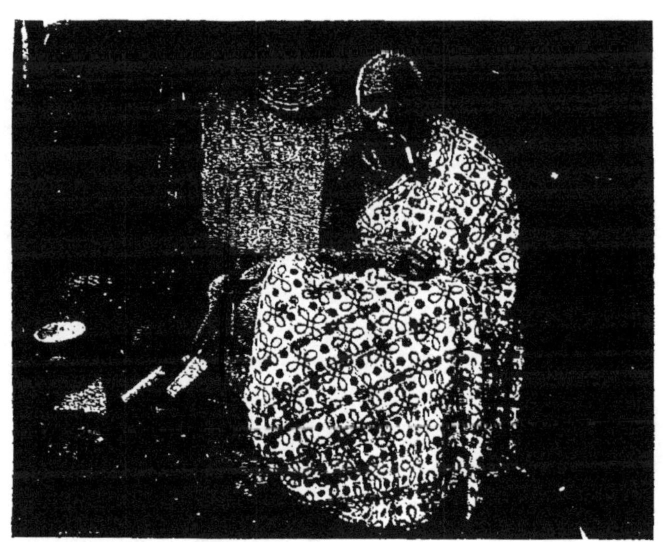

Chef féticheur d'Allada

Fétiches domestiques d'un chef a Abomey

difficulté. Je constate que les marques américaines ont envahi nos colonies. Une réaction commence, et, au Togo, l'Administration a commandé six nouvelles Renault de 10 chevaux. Les raids qui se multiplient à travers l'Afrique et l'arrivée de la Mission Gradis au Dahomey, ont prouvé la résistance de nos voitures françaises.

A peine avions-nous traversé à l'ouest de la ville le bois de filao, arbre des lagunes dont l'aspect rappelle nos pins des Landes, qu'un pneu crève... On répare. Il faut démarrer. Le chauffeur brise la manivelle. Le moteur ne bouge pas. On pousse la voiture et on repart avec peine.

L'incident a l'avantage de nous faire entrer dans une forge indigène où l'on s'arrête, au premier village, pour essayer d'arranger la manivelle de mise en marche. L'atelier est primitif ; l'enclume liliputienne ; les outils petits comme le courage des noirs au travail. Le soufflet, formé de deux pièces de bois recouvertes de peaux de cabris, attise quelques braises placées sur le sol. Mais l'ouvrier est adroit. En peu de temps il forge la manivelle et la remet en état.

Le forgeron est le mécanicien du village. Il possède un concasseur des plus modernes où les femmes se succèdent et viennent à tour de rôle moudre le maïs.

Dans un coin du même atelier, deux enfants martèlent des figurines de cuivre, dites d'Abomey. Assis par terre, ils tiennent l'objet entre leurs doigts de pieds, aussi souples et agiles que leurs mains. Sur l'objet ainsi maintenu dans cet étau improvisé, ils frappent avec un poinçon et un marteau minuscule. Ils décorent l'objet de dessins variés au gré de leur imagination. Au bout de dix minutes, l'un d'eux en a assez : il ramasse minutieusement ses objets, ses outils, et la poussière de son travail qu'il plie dans un papier, puis s'en va nonchalamment.

On se remet en route. La voiture marche lentement, non sans quelques nouveaux arrêts. Les heures passent et la nuit tombe. Nous espérions être à Abomey le même jour et à huit heures du soir nous ne sommes qu'à Allada, pas même à moitié chemin.

La Mission érigée depuis quelques mois en station principale comprend, au milieu d'une plantation de bananiers, un seul bâtiment qui sert de chapelle et de maison d'habitation. Le Supérieur, le Père Gauthier accepte avec une bonne grâce parfaite notre arrivée inattendue. Il improvise en maître le dîner, dresse deux lits de camp dans son unique pièce et affirme qu'il saura bien où reposer lui-même. Son catéchiste apporte le registre des stations secondaires. Il se réjouit d'une conquête, l'inscription de trois catéchumènes dans un village totalement païen.

Mgr Steinmetz n'est pas découragé par nos aventures. Il a recommandé aux chauffeurs de vérifier leur voiture, de se tenir prêts à la première heure du jour. Les chants espacés des coqs commençaient à peine à annoncer la lumière, lorsque nous partîmes après notre messe très matinale. Le repos a été favorable au moteur qui, à peu près sans à coup, nous amène vers huit heures à Bohicon, à quelques kilomètres d'Abomey.

La messe s'achevait. Monseigneur adresse quelques mots aux chrétiens et nous emmenons le catéchiste, Hospice, un des fils de Behanzin, qui sera notre guide au palais.

Rien n'est triste comme l'immense étendue des ruines d'Abomey. Elles couvrent plus de 40 hectares. Le soleil torride semble avoir brûlé et cuit la terre rouge de ces murs crénelés, de huit mètres de haut, qui se déploient sur plusieurs kilomètres autour des demeures royales. Car le palais est une succession de demeures : chaque roi ayant ajouté la sienne à celle de ses prédécesseurs. La première est à l'est. Le territoire appartenait, dit la légende, à un roi nommé Dan, dont le prince Ouegbadja sollicita un terrain pour son fils. Dan ne refusa pas un terrain pour construire une case. C'était peu pour les prétentions du prince. « Voulez-vous donc vous établir sur mon ventre ? » répondit Dan impatienté, aux réclamations de son voisin. « Pourquoi pas ? » dit celui-ci qui le tua de sa propre main, et sur son tombeau éleva un palais qu'on appela « Danhomé » sur le ventre de Dan. Et Ouegbadja fut le premier roi des Dahoméens.

Aujourd'hui, de vieilles femmes errent autour des cases circulaires surmontées d'une toiture conique : ce sont des *Kpodjito*, les mères des rois ou celles qui représentent les mères des rois, dont l'esprit se survit en elles.

Autrefois, vivaient, dans ces palais plus de 8.000 personnes dont 1.000 épouses royales de deux catégories : les *Kposi* (1), au nombre de 40, épouses de la Panthère, le totem royal, de situation privilégiée ; et les *Ahosi* épouses de second rang, les servantes du palais qui s'effaçaient devant les premières, se livraient aux travaux du ménage et préparaient les repas.

Au début du xixe siècle, le roi Ghézo organisa le corps des terribles amazones. Leur renom de férocité et de courage était justement mérité si

---

1. Le mot « Kpo » en fon signifie Panthère. On appelle épouse de la Panthère, celle qui a pour époux le Roi dont la Panthère est le Totem et qui peut devenir mère d'un roi.

on s'en rapporte aux récits des anciens. Un bas-relief du palais représente une amazone penchée sur un Nagot terrassé et lui déchirant la poitrine. Une d'elles, devenue chrétienne, disait à l'Evêque en racontant ses exploits : « A la première tête coupée il faut boire le sang pour se donner du cœur, sans cela le courage faiblit. » Pauvres vieilles ! elles achèvent de mourir très paisiblement, regrettant, dit-on, les batailles du temps jadis dont elles devisent peut-être en façonnant les poteries avec une dextérité et une sûreté de main que nous admirons.

Les hautes herbes ont envahi les cours du palais. On circule avec peine sous la chaleur lourde et étouffante. Le musée renferme quelques souvenirs : des ombrelles, des étoffes, les emblèmes des rois, des animaux sculptés ; en somme, d'assez pauvres débris. Des bas-reliefs ornent les murs du palais de Behanzin et figurent, pour la plupart, des armoiries royales. La « Veuve » l'oiseau dont la queue est plus longue que celle des autres oiseaux, comme *Agongbo* (1789-1797) l'emporte sur tous les autres rois ; le buffle qui ravage un pays comme *Ghezo* (1818-1858) a bouleversé le pays Mahi ; le lionceau qui sème partout la terreur comme *Glé-Glé* (1858-1889) au milieu de ses ennemis ; le requin qui trouble la barre comme *Behanzin* (1889-1894) le port de Cotonou. Mais le requin a été pris et son trône est renversé. Le chef des princes consent à sortir pour nous les onze sièges des onze rois de la dynastie. Semblables de forme, ils se distinguent par leur taille et la richesse de leurs décorations, variables sans doute selon la puissance du roi. L'un est tout lamé d'argent. Le plus grand, celui de Glé-Glé, repose sur quatre crânes humains bien authentiques, les crânes de quatre rois ennemis vaincus par le monarque.

Un voile recouvre celui de Behanzin qui est mort en exil et n'est pas enterré dans son pays.

Dans cette cour où l'Evêque cause tranquillement avec les princes déchus et avec les vieilles qui filent leur quenouille, le sang a coulé souvent et avec abondance.

Chaque tombeau en a été inondé aux obsèques royales et chaque année, à la fête des coutumes, pour apaiser les mânes des ancêtres, on expédiait dans l'autre monde des victimes, 16 hommes et 16 femmes au moins, au temps du roi Glé-Glé.

Pendant un mois, les fêtes se déroulaient sans interruption. On buvait et on dansait dans l'ivresse de l'alcool et du sang. Comme chez les anciens Egyptiens, les hérauts invitaient le peuple à se réjouir : « Mangeons la vie, jouissons de la vie ! Amusons-nous, savons-nous ce que demain nous donnera ! »

Le temps des immolations sanglantes est passé. Les féticheurs doivent se contenter d'immoler quelques génisses et les princes sont parcimonieux dans leurs offrandes parce que le cheptel est cher et qu'ils n'ont plus les richesses de leurs pères.

A peu de distance du palais, de l'autre côté du marché, la Mission a établi sa résidence. Tout est simple, propre, confortable, bien tenu et pourtant le deuil a frappé la maison. Le Père Girerd vient de mourir, il y a huit jours, d'une crise de variole contractée au cours de son apostolat chez les Dassas.

Le pays des Dassas, au nord d'Abomey, ouvert à l'Evangile depuis quelques années seulement, compte déjà avec 227 catholiques plus de 1.600 catéchumènes. Des villages entiers s'inscrivent au catéchisme. On voit le travail du Missionnaire chargé d'une pareille besogne. Le Père Girerd ne cessait de parcourir la région. Souvent, il partait à jeun et se contentait pour son déjeuner d'acheter, au marché, quelques boules de haricots que la vendeuse avait pétries de ses mains douteuses. Pauvre Père Girerd ! quel vide il laisse derrière lui ! Monseigneur était tout ému devant sa chambre nue déjà reblanchie, tout ému à la pensée du nombre des ouvriers qui diminue alors que croît le travail de la moisson.

Les religieuses indigènes, averties de notre passage, nous attendaient avec impatience. Quelle joie dans la communauté de recevoir Monseigneur, d'entendre parler de leurs Sœurs de Calavi et de voir un visiteur étranger. Elles auraient bien dansé avec leurs élèves, les bonnes petites sœurs ! Leur action est précieuse ici auprès des pauvres vieilles : tout récemment, elles ont eu le bonheur de préparer au baptême une veuve du roi Glé-Glé qui voulut recevoir le baptême après avoir solennellement renoncé à ses fétiches en présence de tous ses enfants réunis autour d'elle.

Il est midi passé. Nous retournons en hâte déjeuner à Bohicon où les chrétiens ont préparé pour nous un Caloulou aux crabes et aux herbes ! On ne peut s'attarder ; il nous faut rentrer ce soir à Cotonou pour prendre le paquebot demain matin à la première heure.

Le retour ne fut pas moins mouvementé que l'aller. Tantôt le moteur ronfle régulièrement et marche à merveille ; tantôt il s'arrête brusquement. L'allumage se fait mal. A chaque instant, sous un soleil de plomb, il faut descendre et pousser la voiture. Heureusement de temps à autre, une caravane passe. Hommes, femmes et enfants déposent volontiers leurs fardeaux, nous entourent avec des gambades et des cris et viennent à notre secours pour faire avancer l'auto. Pourvu que nous arrivions à traverser le « Lama » avant la chute du jour !

Le Lama est une zone marécageuse de plusieurs kilomètres qui rend la route complètement impraticable à la saison des pluies. Les ponts provisoires se succèdent : les branches craquent mais la voiture passe. La nuit tombe. Nos hommes ont pour toute lanterne une misérable bougie. Quel mélange chez le noir d'imprévoyance et d'habileté ! L'arrivée de l'essence est défectueuse au petit réservoir placé au-dessus du carburateur. Ils n'hésitent pas. L'un d'eux prend à la main une bouteille d'essence et une bougie, s'installe couché à demi sur le marche-pied de la voiture en marche, relève le capot et alimente ainsi à la main le moteur. L'autre tenait ferme le volant. Et dans la nuit noire, deux noirs conduisaient une auto noire, sur une route inconnue où deux blancs, je le confesse, étaient peu rassurés.

— « Prions les âmes du Purgatoire, » me dit Mgr Steinmetz.

— « Oui, Monseigneur, et saint Christophe, patron des automobilistes. »

Il n'y a eu ni incendie ni accident. Un court arrêt à Allada pour nous réchauffer d'une tasse de thé et nous repartons éclairés par une simple lanterne tempête et par les rayons de la lune qui commence à se lever.

A deux heures de la nuit, nous étions enfin à Cotonou où, le matin même, je m'embarquai sur « le Tchad[1] » pour le Congo.

---

1. Paquebot des *Chargeurs réunis*. Lundi 15 décembre 1924.

Deux féticheuses de Dangbé

Trois musiciens de Kétou

Les fétiches dahoméens : Legba (1ʳᵉ case a droite). — La statuette en bois devant
la case représente une femme sollicitant une faveur du fétiche

Notice sur l'Œuvre Apostolique

L'Œuvre Apostolique a pour but de coopérer à l'extension de la foi parmi les infidèles et de soutenir l'action des missionnaires catholiques du monde entier.

Elle s'efforce d'atteindre ce but par la prière et par le travail des associées.

L'Œuvre procure aux Missionnaires :

a) Tous les objets nécessaires à l'exercice de leur ministère : calices, ciboires, ostensoirs, boîtes-chapelles, croix, chandeliers, chasubles, chapes, aubes, linges d'autel, etc...

b) Tous les objets de piété utiles à leur apostolat : crucifix, chapelets, médailles, scapulaires, etc...

c) Tous les objets qui peuvent servir à leur usage personnel. Dans ce but a été institué le Tricot du Missionnaire qui organise la confection de bas, chaussettes, chandails, etc...

Depuis 1876, l'Œuvre a donné également des aumônes pour la formation du clergé indigène. Elle se contente désormais de donner chaque année une offrande à l'Œuvre de Saint-Pierre Apôtre, spécialement constituée dans ce but.

Voici la statistique des principaux objets fournis aux missionnaires jusqu'en juillet 1924.

576 boîtes-chapelles ; 5.287 calices ; 2.274 ciboires ; 1.769 ostensoirs ; 7.744 chandeliers ; 51.531 ornements ; 5.704 chapes ; 18.748 aubes ; 12.818 nappes ; 52.240 amicts ; 69.294 corporaux ; 121.321 purificatoires ; 95.949 manuterges.

Ces dons représentent, au cours de 1924, une somme de plus de vingt-deux millions de francs.

Le **Bulletin de l'Œuvre Apostolique**, bulletin mensuel illustré, est envoyé gratuitement pendant un an à toute personne qui envoie une offrande de dix francs au siège social de l'Œuvre, 108, *rue de Vaugirard, Paris (VIe)*. Compte de chèques postaux : Paris 378-58.

TABLE DES MATIÈRES

PREMIÈRE PARTIE

DEUXIÈME PARTIE

BOURGES. — IMPRIMERIE A. TARDY. — 13436-26.

9 782329 036830